Inhalt

Vorwort	5
Versammlungen und Demonstrationen	9
Informationsstand	23
Benutzung öffentlicher Einrichtungen	27
Geldsammlungen	31
Flugblätter und Plakate	37
Rechtsmittel	43
Beratungs- und Prozeßkostenhilfe	47
Verhalten gegenüber der Polizei	53
Vorladung	41
Vernehmung	65
Zeugen	71
Beschlagnahme	73
Durchsuchung	77
Verteidigung	83
Überwachung des Telefons	87
Verhalten gegenüber dem „Verfassungsschutz"	89
Berufsverbotsverfahren	95
Hausbesetzungen	103
Umweltschutz	109

Vorwort

Immer mehr, vor allem junge Menschen geraten heute bei politischen Willensbekundungen oder Aktionen in Konflikt mit der Polizei, mit Gerichten oder anderen staatlichen Organen. Das Vorgehen gegen Demonstranten in Brokdorf, die Nürnberger Massenverhaftungen von jugendlichen Teilnehmern einer Demonstration und insbesondere die Auseinandersetzungen um die Frankfurter Startbahn West sind nur einige Beispiele dafür.

Die Gesellschaftsordnung, in der wir leben, tendiert immer mehr zu autoritären Regelungen. Das Streben nach Demokratie und sozialer Gerechtigkeit wird zunehmend behindert. Die sich verschärfende Krise des kapitalistischen Systems hat alle Bereiche unseres Lebens erfaßt. Die Bedürfnisse nach sozialer Sicherheit und Frieden, nach mehr demokratischen Rechten und Freiheiten, nach Entfaltung der Persönlichkeit stoßen schroffer als je zuvor auf die Schranken der Gesellschaftsordnung, in der wir leben.

Die Herrschenden in unserem Land sind bemüht, die Unruhe über die wachsenden Widersprüche und Auseinandersetzungen zu dämpfen, die Entwicklung demokratischer Aktivitäten zu behindern und Forderungen nach grundlegenden Veränderungen gesellschaftlicher Verhältnisse zu diffamieren und zu unterbinden. Mit vielfältigen Maßnahmen sollen demokratische Kräfte eingeschüchtert und sich entwickelnde demokratische Bewegungen zurückgedrängt werden.

Diese antidemokratische Strategie kommt zum Ausdruck in dem forcierten Ausbau des Polizei- und Spitzelapparates, im Abbau der Mitbestimmung, in der Legalisierung der Massenaussperrung, in der zunehmenden Einschränkung des Streikrechts. Sie äußert sich in den zunehmenden Attacken auf das Demonstrations- und Versammlungsrecht, in den sich häufenden Versuchen, die demokratischen Kräfte durch Massenverhaftungen oder durch bürgerkriegsähnliche Polizeiaufgebote einzuschüchtern. Sie ist sichtbar in der fortdauernden Praxis der Berufsverbote. Nicht zuletzt wird sie deutlich in der Tolerierung von Ausländerhetze und neonazistischen Aktivitäten durch die staatlichen Organe.

Die Bildung einer CDU/CSU-geführten Bundesregierung signalisiert eine weitere Rechtsentwicklung und die reale Gefahr eines möglichen scharfen Rechtsrucks in allen Bereichen des politischen und gesellschaftlichen Lebens.

Der ständige Abbau demokratischer Rechte verstärkt das Mißtrauen und Unbehagen gegenüber dem politischen System, den Parteien und staatlichen Organen. Ein Ausdruck dafür ist die sogenannte Staats- und Parteiverdrossenheit. Von vielen Jugendlichen wird dieser Staat als „Bullenstaat" oder „Schnüffelstaat" bezeichnet. Begriffe wie „Gesinnungs-TÜV" wurden geboren. Dies alles ist ein Reflex des verbreiteten Unbehagens über die Zunahme autoritärer Tendenzen und Maßnahmen; im gesamten gesellschaftlichen Leben. Es entwickelt sich aber auch in zunehmendem Maße bewußter Protest und aktive Gegenwehr, die sich von dem Grundsatz leiten läßt: Wo Recht zu Unrecht wird, da wird Widerstand zur Pflicht. Wo Macht vor Recht geht, da muß man sich gegen die Macht des Unrechts wehren.

In diesem Kampf um die Wahrnehmung und Verteidigung auch der kleinsten bürgerlich-demokratischen Rechte soll diese Rechtsfibel eine Hilfe sein. Sie will vor allem einige rechtliche Möglichkeiten darlegen, die es für die demokratische Bewegung auch heute noch gibt. Demokratische Rechte und Freiheiten sind von der Arbeiterbewegung und anderen demokratischen Kräften in langen und harten Kämpfen errungen worden. Es gilt, sie gerade heute zu verteidigen und wahrzunehmen.

Oktober 1982   Verlag Marxistische Blätter

Versammlungen und Demonstrationen

Anmeldung

Eine ganz wesentliche Form von Aktivitäten der demokratischen Bewegungen sind Versammlungen und Demonstrationen. Anmeldepflichtig sind nur Versammlungen unter freiem Himmel, nicht aber solche in geschlossenen Räumen. Eine Genehmigung oder Erlaubnis ist dagegen nicht erforderlich. Die Anmeldung muß spätestens 48 Stunden vor der öffentlichen Bekanntgabe der Versammlung erfolgen (nicht erst 48 Stunden vor dem Stattfinden, es sei denn, die Zeitpunkte fallen zusammen). In der Anmeldung muß der Gegenstand der Versammlung bekanntgegeben werden. Unter Gegenstand der Versammlung ist das Thema zu verstehen. Vorlage einer Rednerliste etwa oder gar die Vorlage des Textes von Reden, Referaten oder Transparenten kann keinesfalls verlangt werden.

Die Anmeldung wird am besten an den Polizeipräsidenten und in Durchschrift an das Ordnungamt der Stadt (in bestimmten Bereichen: Landratsamt) gerichtet.

Beispiel einer Anmeldung:
Betr.: Anmeldung einer Versammlung (Demonstration)
Am ... (Datum) werden wir eine Versammlung durchführen. Sie wird von ... Uhr bis ... Uhr dauern. Voraussichtlich werden 1000 Personen teilnehmen.
Der Versammlung soll ein Aufzug (Demonstration) vorausgehen, für den folgender Zuweg vorgesehen ist: (Angabe der Straßen).
Auf dem x-Platz wird eine Abschlußkundgebung stattfinden.
Gegenstand der Versammlung ist das Problem der Jugendarbeitslosigkeit.
Leiter der Demonstration ist Gerd Maier, Veranstalter die xy-Organisation.
Wir wollen ... Ordner einsetzen und beantragen die Genehmigung für den Ordnereinsatz.
Unterschrift

Mit diesem Schreiben sind die erforderlichen Formalitäten erledigt. Wenn die Versammlung ordnungsgemäß angemeldet ist, kann sie grundsätzlich stattfinden, es sei denn, die zuständige Behörde würde ein Verbot aussprechen (dazu weiter unten).

Es empfiehlt sich, bei der Versammlung oder Demonstration die Abschrift der Anmeldung und des Bestätigungsschreibens der Behörde mitzunehmen, damit man diese gegebenenfalls kontrollierenden Polizeibeamten vorzeigen kann.

Spontanversammlung

Bei aktuellen Anlässen läßt sich die 48-Stunden-Frist zur Anmeldung vor der Bekanntgabe der Versammlung oder Demonstration oftmals nicht einhalten. Aus diesem Grunde bedürfen Spontanversammlungen und Spontanaufzüge keiner Anmeldung. Spontanveranstaltungen sind etwa Demonstrationen, die ohne vorherige Einladung oder öffentliche Bekanntgabe erfolgen. Das bedeutet nicht, daß solche Veranstaltungen unorganisiert verlaufen müßten. Wenn hinreichend Zeit bleibt, um andere Organisationen zu unterrichten, Flugblätter zu drucken und andere Vorbereitungen zu treffen, so empfiehlt es sich allerdings, wenn auch unter Verletzung der 48-Stunden-Frist, die Polizei bzw. das Ordnungsamt zu unterrichten. Dazu reicht ein Telefonanruf, bei dem man sich allerdings den Namen des zuständigen Sachbearbeiters notieren sollte.

Auch bei Spontanveranstaltungen sollte man für ein Mindestmaß an Organisation sorgen, weil erfahrungsgemäß gerade bei solch überraschenden Veranstaltungen die Polizei unvorbereitet ist und daher eher nervös reagiert.

Auch nach dem Verbot oder der Auflösung einer anderen Veranstaltung können sich etwa Spontandemonstrationen bilden. Voraussetzung dafür, daß sie als Spontandemonstrationen angesehen werden, ist, daß sie an einem anderen Ort stattfinden und nicht offensichtlich bloße Fortsetzung der ursprünglichen Demonstration sind. Diese neue Spontandemonstration kann daher auch nur dann aufgelöst werden, wenn es dafür Gründe gerade hinsichtlich der Spontandemonstration gibt, nicht aber mit der bloßen Feststellung, daß die ursprüngliche Demonstration verboten worden ist.

Leiter der Versammlung

Jede Versammlung, ob unter freiem Himmel oder in geschlossenen Räumen, muß einen Leiter haben. Ausnahme: Spontanversammlung. Der Leiter muß für den ordnungsmäßigen Ablauf sorgen. Er bestimmt den Ablauf der Versammlung. Leiter ist der Veranstalter (bei Vereinen der Vorsitzende) oder die vom Veranstalter bestimmte Person.

Wer als Leiter eine Versammlung unter freiem Himmel wesentlich anders als angemeldet oder unter Verstoß gegen zulässige Auflagen durchführt, kann bestraft werden. Ebenso kann derjenige bestraft werden, der als Leiter eine Versammlung unter freiem Himmel ohne Anmeldung oder eine Versammlung trotz vollziehbaren Verbotes durchführt.

Bei Versammlungen in geschlossenen Räumen hat der Leiter das Hausrecht. Er kann Teilnehmer, die gröblich stören, von der Versammlung ausschließen. Diese müssen dann unverzüglich den Versammlungsort verlassen. Von einer Versammlung unter freiem Himmel kann nur die Polizei Teilnehmer ausschließen, der Leiter hat diese Befugnis nicht. Er kann aber von der Polizei den Ausschluß gröblich störender Teilnehmer verlangen.

Die Teilnehmer einer Versammlung unter freiem Himmel sind verpflichtet, die vom Leiter und den von ihm bestellten Ordnern gegebenen Anweisungen zur Aufrechterhaltung der Ordnung zu befolgen. Wenn der Leiter sich nicht durchsetzen kann, ist er verpflichtet, den Aufzug für beendet zu erklären.

Ordner

Der Leiter kann sich zur Durchführung der Versammlung der Hilfe von Ordnern bedienen. Die Ordner müssen volljährig sein (außer bei Demonstrationen von Minderjährigen, z. B. reinen Schülerdemonstrationen). Sie müssen durch eine weiße Armbinde mit dem Wort „Ordner" gekennzeichnet sein und dürfen keine Waffen bei sich führen (auch keine Stöcke o. ä.). Bei der öffentlichen Versammlung in geschlossenen Räumen kann die Polizei von dem Leiter die Angabe der Zahl der Ordner verlangen und ggf. die Zahl auch angemessen beschränken. Bei der Versammlung unter freiem Himmel dagegen muß für den Ordnereinsatz eine Genehmigung eingeholt werden. Die Namen der vorgesehenen Ordner brauchen beim Genehmigungsantrag allerdings nicht angegeben zu werden.

Auch bei der Versammlung unter freiem Himmel kann die Polizei die Zahl der Ordner angemessen beschränken.

Polizei bei Versammlungen

Werden Polizeibeamte in eine öffentliche Versammlung entsandt, so müssen sie sich beim Leiter zu erkennen geben. Dies gilt selbstverständlich auch für Beamte des Politischen Kommissariats, auch wenn diese in Zivil auftreten und sich nicht so gern zu erkennen geben. Den Beamten ist ein angemessener Platz einzuräumen.

In Nordrhein-Westfalen verfügen die Polizeibeamten über eine ihnen von der Behörde zur Verfügung gestellte Visitenkarte. Bei Einsätzen sollen sie auf Verlangen diese Karte überreichen.

Lautsprecherbenutzung

Massenveranstaltungen lassen sich ohne Lautsprecher oder Megaphone schon deshalb nicht durchführen, weil anders eine Verständigung mit den Teilnehmern oder das Ansprechen der Bevölkerung nicht möglich ist. Deshalb ergibt sich aus den Grundrechten der Meinungs- und Versammlungsfreiheit der Anspruch auf den Einsatz dieser Geräte. Dem hat das Verwaltungsgericht Frankfurt (Urteil vom 28. Februar 1967 – Aktenzeichen: VI/V 1084/66) Rechnung getragen und entschieden, daß für die Benutzung von Lautsprechern oder Megaphonen bei Demonstrationen oder Kundgebungen eine Erlaubnis nicht erforderlich sei (so auch Verwaltungsgericht Hannover – Aktenzeichen VI C 23/71 und Verwaltungsgericht Gelsenkirchen – Aktenzeichen: 2 L 136/71, OLG Celle Aktenzeichen 2 Ss (OWi 388/76).

Für die Benutzung von Lautsprechern oder Megaphonen außerhalb von Demonstrationen oder Kundgebungen ist die Erlaubnis der Straßenverkehrsbehörde erforderlich. Diese Erlaubnis darf nicht generell versagt werden mit dem bloßen Hinweis, daß ohnehin der Lärm in den Städten zu groß sei. Es müßte beispielsweise eine konkrete Verkehrsgefährdung zu befürchten sein.

Es wird von Städten, aber auch in der Rechtsprechung die Auffassung vertreten, daß generell für die Benutzung von Lautsprechern oder Megaphonen eine Erlaubnis erforderlich sei. Das ergebe sich aus der Straßenverkehrsordnung und aus der Lärmbekämpfungsverordnung. Diese Rechtsprechung berücksichtigt nicht hinreichend die Grundrechte der Meinungs- und Versammlungsfreiheit. Wird generell die Benutzung von Lautsprechern verboten, so wird damit praktisch jede größere Versammlung unmöglich gemacht.

Angesichts dieser Rechtsprechung empfiehlt sich aber,

einen Antrag auf Genehmigung des Einsatzes von Lautsprechern zu stellen. Der Antrag sollte auch begründet werden.

Das Verwaltungsgericht Münster hat in zwei Entscheidungen (Aktenzeichen: 2 L 158/71 und 2 L 163/71) entschieden, daß die Stadt die Benutzung eines tragbaren Megaphones zu genehmigen habe, weil einerseits damit der Verkehr nicht nennenswert gefährdet oder belästigt werde und auf der anderen Seite die Rechte des Antragstellers ansonsten unzulässig beeinträchtigt würden. Das Verwaltungsgericht Münster hat sich dabei auf den Standpunkt gestellt, daß Anlieger durch die Straßenverkehrsordnung nicht geschützt würden. Die Straßenverkehrsordnung mache die Benutzung von Lautsprechern nicht generell erlaubnispflichtig, sondern verbiete sie nur dann, wenn Verkehrsteilnehmer in einer den Verkehr gefährdenden oder ihn erschwerenden Weise abgelenkt oder belästigt würden.

Vor Wahlen wird in Nordrhein-Westfalen durch innenministerielle Verfügungen allgemein der Lautsprechereinsatz genehmigt. Aus dieser Tatsache hat das Verwaltungsgericht Frankfurt abgeleitet, daß, wenn Parteien eine allgemeine Genehmigung erhielten, anderen Organisationen nicht schlechthin die Verwendung von Lautsprechern versagt werden dürfe.

Auflagen, Verbote, Auflösung

Die Polizei kann eine Versammlung unter freiem Himmel auflösen, wenn sie nicht angemeldet ist (Ausnahme: Spontanversammlung), wenn von den Angaben der Anmeldung abgewichen oder den Auflagen zuwidergehandelt wird oder wenn die Voraussetzungen zu einem Verbot vorliegen. Es handelt sich dabei um die Ausübung des Ermessens der Polizei. Die Polizei muß also nicht (und darf auch nicht) wegen jedes geringfügigen Verstoßes gleich zur Auflösung schreiten. Der Grundsatz der Verhältnismäßigkeit muß beachtet werden. Die Auflösung ist das schärfste und daher auch zuletzt einzusetzende Mittel.

Die maßgebliche Rechtsgrundlage ist hier der Artikel 8 des Grundgesetzes der wie folgt lautet:

Artikel 8 (Versammlungsfreiheit)

(1) Alle Deutschen haben das Recht, sich ohne Anmeldung oder Erlaubnis friedlich und ohne Waffen zu versammeln.
(2) Für Versammlungen unter freiem Himmel kann dieses Recht durch Gesetz oder auf Grund eines Gesetzes beschränkt werden.

Dieses Ausführungsgesetz ist das Gesetz über Versammlungen und Aufzüge in der Fassung der Bekanntmachung vom 24. November 1978.

Die Polizei kann für eine Demonstration Auflagen verhängen, wenn das unbedingt erforderlich ist, um eine Gefährdung der öffentlichen Sicherheit und Ordnung abzuwenden. Dazu müssen aber bestimmte Tatsachen festgestellt sein (bloße Vermutungen reichen nicht!), die eine solche Gefährdung mit Sicherheit erwarten lassen. Auf keinen Fall reicht zur Begründung aus, daß diese Art von Demonstrationen erfahrungsgemäß zu Schwierigkeiten führe. Da fehlt es nämlich an der Feststellung bestimmter Tatsachen. Die Auflagen dürfen nie den Zweck haben, die Arbeit der Polizei zu erleichtern.

Um zu zeigen, welche Art von Auflagen *nicht* zulässig sind, einige Beispiele, die von Gerichten entschieden wurden (VG = Verwaltungsgericht):

Autokorso müsse der allgemeinen Verkehrsgeschwindigkeit angepaßt sein (VG Gelsenkirchen, Urteil vom 16. März 1967 – 2 L 68/67 –);

Plakatieren der Fahrzeuge sei zu unterlassen (VG Köln, Urteil vom 26. Juli 1963 – 4 K 1545/62 –;

Lieder oder Sprechchöre bei der Demonstration seien verboten (VG Köln, wie vor);

Betreten eines Botschaftsgebäudes zur Überreichung einer Protestnote sei verboten (VG Köln, wie vor);

einen bestimmten öffentlichen Platz zu benutzen sei verboten, weil die Stadt als Eigentümerin das durch Ratsbeschluß bestimmt habe (VG Köln, Urteil vom 26. Juli 1963 – 4 K 2270/62 –).

Auch Plätze nur vor Wahlen für Wahlveranstaltungen freizugeben verstößt gegen das Grundrecht der Versammlungsfreiheit und ist daher rechtswidrig. Es bedarf zu einer Demonstration oder Kundgebung für die Benutzung eines öffentlichen Platzes oder einer öffentlichen Straße auch *nicht* der Genehmigung des Grundstücksamtes. Vielmehr gehören Demonstrationen und Kundgebungen zum sogenannten Gemeingebrauch an öffentlichen Straßen und Plätzen. Deshalb sollte man es auch unterlassen, einen Genehmigungsantrag zu stellen.

Weiter ist unzulässig, die Demonstration in unbelebte Straßen zu verweisen oder in die Randbezirke der Stadt, die Verwendung von Lautsprechern zu untersagen, auf den Inhalt der Versammlung Einfluß zu nehmen, Plakate oder Flugblätter vorher zur Genehmigung vorlegen zu lassen u. ä.

Nur in seltenen Fällen darf der Demonstrationsweg durch Auflagen geändert werden, etwa weil sonst der Verkehr zusammenbrechen würde und eine Umleitungsmöglichkeit nicht besteht, weil die Berührung mit einem Krankenhaus vermieden werden soll (u. U. auch nur die Auflage, dort ruhig vorbeizumarschieren). In solchen Fällen sollte immer überprüft werden, ob die gegebene Begründung überzeugend ist und ob anderen Demonstrationen oder Umzügen dieser Weg erlaubt war (z. B. Polizeimusikkorps, Schützenverein, Fronleichnamsprozession. Wenn bei jenen Anlässen der

Verkehr geregelt werden konnte, so ist nicht einzusehen, warum nicht auch bei der Demonstration).

Zulässig sind Auflagen, nur eine Fahrbahnseite zu benutzen, eine bestimmte Zahl von Ordnern einzusetzen, Lautsprecherbenutzung örtlich und zeitlich angemessen zu begrenzen (Mittagszeit, Krankenhaus).

Das gänzliche Verbot von Demonstrationen von vornherein ist nur in ganz besonders schwerwiegenden Ausnahmefällen zulässig, so wenn Auflagen zuwidergehandelt wird oder die Demonstration einen strafbaren Verlauf nimmt (dazu genügt nicht, daß einzelne Teilnehmer strafbare Handlungen vornehmen).

Natürlich kann man dann später auch Rechtsmittel einlegen, vor allem im Hinblick auf spätere Demonstrationen, die dann nicht mit dem gleichen Grund, wenn er rechtswidrig war, aufgelöst werden.

Gegen Auflagen, die nicht auf einen geordneten Ablauf der Demonstration gerichtet, sondern Schikane sind oder die Aussage beschneiden sollen, empfiehlt sich, in Verhandlungen mit der Behörde oder vor dem Verwaltungsgericht anzugehen. Die Mißachtung von Auflagen wird häufig als Vorwand für polizeiliches Eingreifen verwendet.

Nunmehr bemühen sich CDU/CSU um drastische gesetzliche Beschränkungen des Versammlungs- und Demonstrationsrechtes. Besonderer Anlaß waren die Demonstrationen gegen die Startbahn West. Auseinandersetzungen, die von dem rücksichtslosen Vorgehen der Polizei ausgelöst wurden, sollen nun als Begründung für eine Beschneidung des Demonstrationsrechts herhalten. Manche Behörden tun bereits heute so, als wären diese Einschränkungen schon geltendes Recht. Es geht um das sogenannte Vermummungsverbot und das Verbot der passiven Bewaffnung in Form von Schutzhelmen, Schutzbrillen oder Schutzkleidung. Insbesondere soll es strafbar werden, wenn man sich nach polizeilicher Aufforderung aus einer Versammlung bzw. Demonstration nicht entfernt. Auch wird überlegt, ob Großdemonstrationen nicht grundsätzlich auf abgeschirmte und abgelegene Orte verwiesen werden sollen. Diese Bestrebungen richten sich gegen das Wesen des Demonstrationsrechtes und sind damit verfassungswidrig.

Informationsstand

In der Regel ist für die Aufstellung eines Informationsstandes eine Sondernutzungserlaubnis erforderlich. Dies ergibt sich für Nordrhein-Westfalen z.B. aus § 18 Abs. 1 des Landesstraßengesetzes. Die Sondernutzungserlaubnis ist bei der Stadt- oder Kreisverwaltung zu beantragen. Der Antrag sollte möglichst frühzeitig gestellt werden, damit nicht allein mit der Behauptung, eine rechtzeitige Bearbeitung sei nicht mehr möglich, die Ablehnung begründet werden kann.

Es gibt ohnehin nur wenige triftige Gründe, mit denen sich die beantragte Sondernutzungserlaubnis rechtmäßig ablehnen läßt. Das ergibt sich daraus, daß auch Informationsstände durch Artikel 5 des Grundgesetzes geschützt sind wegen der dort erklärten Meinungs- und Informationsfreiheit. Wenn also Verkaufsstände von Kaufhäusern oder Losstände der Wohlfahrtsverbände auf der gleichen Straße oder dem gleichen Platz erlaubt worden sind, dürfen dort Informationsstände nicht verboten werden, jedenfalls nicht aus Verkehrsgesichtspunkten (Urteil des VG Neustadt vom 5. August 1969, Az.: 3 L 38/69). Gesichtspunkte der Sicherheit des Straßenverkehrs können dagegen zur Verweigerung der Sondernutzungserlaubnis führen, etwa dann, wenn der Informationsstand auf einer belebten Straßenkreuzung aufgestellt werden soll. Zur Verweigerung der Erlaubnis kann auch führen, wenn für die gleiche Zeit und den gleichen Platz bereits ein anderer Informationsstand o.ä. erlaubt worden ist.

Auflagen bezüglich des Inhalts dessen, was an dem Informationsstand verteilt oder vertrieben werden soll sind nicht zulässig. Die Genehmigungsbehörde darf keine Zensur ausüben. Natürlich riskiert der Veranstalter eines Informationsstandes bestraft zu werden, wenn Material strafbaren Inhalts verteilt wird. Sollte aber z.B. die Genehmigungsbehörde eine Flugschrift für beleidigend halten in bezug auf einen Politiker, so darf das nicht dazu führen, den Informationsstand zu verbieten.

Die Sondernutzungserlaubnis muß grundsätzlich erteilt werden, wenn keine überwiegenden Interessen entgegenstehen. Dies bedeutet, daß die Genehmigungsbehörde gegebenenfalls auch überlegen muß, an Stelle der völligen Versagung der Sondernutzungserlaubnis eine Erlaubnis lediglich unter Auflagen zu erteilen. Eine solche zulässige Auflage könnte sein, die Standgröße zu beschränken oder den geplanten Standort um einige Meter zu verlegen, um auf diese Weise einer Gefährdung des Straßenverkehrs vorzubeugen.

In vielen Städten ist es üblich geworden, für die Erteilung der Sondernutzungserlaubnis eine Gebühr zu verlangen. Dieses Recht ist den Behörden zwar vielfach bestritten worden, weil auch dadurch faktisch die Meinungs- und Informationsfreiheit eingeschränkt wird. Das Bundesverfassungsgericht hat aber die Erhebung einer solchen Gebühr für zulässig erachtet, sofern sich die Gebühr innerhalb eines vertretbaren Gebührenrahmens bewege, so daß die beabsichtigte Meinungskundgabe dadurch nicht wesentlich erschwert oder gar unmöglich gemacht werde (Beschluß des Bundesverfassungsgerichts vom 22. Dezember 1976, Az.: 1 BvR 306/76).

Da nach der überwiegenden verwaltungsgerichtlichen Rechtsprechung für einen Informationsstand immer eine Sondernutzungserlaubnis erforderlich ist, stellt sich bei spontanen Anlässen die Frage, ob es nicht besser ist, eine Kundgebung durchzuführen, die als Spontanversammlung sogar anmeldefrei ist.

Immerhin haben einige Strafgerichte entschieden, daß eine Sondernutzungserlaubnis dann nicht erforderlich sei, wenn der für den Informationsstand verwandte Tisch nur klein sei (so OLG Saarbrücken, Beschluß vom 22. Dezember 1975 für einen Tisch von 0,80 × 1,00 m, Amtsgericht Frankfurt, Urteil vom 4. Mai 1976 für einen Tisch von 0,80 m Durchmesser).

Verkauf von Broschüren oder Zeitschriften

Der Informationsstand eignet sich auch besonders dazu, gleichzeitig Broschüren, Zeitschriften oder andere Materialien zu verkaufen. In der Vergangenheit sind häufiger Versuche gemacht worden, einen solchen Verkauf mit dem Hinweis zu verbieten, daß dafür eine Reisegewerbekarte erforderlich sei. Die sich anschließenden Gerichtsverfahren endeten in aller Regel, soweit bekannt ist, mit Freispruch. Das Amtsgericht Oberhausen hat am 27. September 1974 (16 CsP 6/74) entschieden, daß der Angeklagte freizusprechen sei, weil ihm nicht nachgewiesen werden konnte, daß er den Verkauf gewerbsmäßig, also mit eigener Gewinnerzielungsabsicht, betrieben habe. Das Oberlandesgericht Hamm hat in seinem Beschluß vom 22. Oktober 1976 (Az.: 3 Ss OWi 1148/76) die Erwerbsabsicht in einem Fall verneint, weil davon nur dann die Rede sein könne, wenn der erstrebte Gewinn auf die Erzielung eines Beitrages zum Lebensunterhalt gerichtet sei.

Diese Voraussetzung ist niemals gegeben, wenn der Verkäufer für den Verkauf keinerlei Entgelt erhält, sondern den Verkauf aus politischen Gründen durchführt. Die Erwerbsabsicht im Sinne der Gewerbeordnung scheidet bei politischen Zeitschriften grundsätzlich schon deshalb aus, weil ein gewinnbringender Außenverkauf ohnehin erfahrungsgemäß nicht stattfindet.

Benutzung öffentlicher Einrichtungen

Nach vielen Gemeindeordnungen haben Bürger und ihre politischen Organisationen das Recht, öffentliche Einrichtungen zu benutzen. Zu solchen öffentlichen Einrichtungen zählen unter anderem Säle, Sportplätze, Turnhallen, Schulräume, Kinderspielplätze o. ä. Für die Benutzung solcher Einrichtungen können die Städte oder Gemeinden je nach ihrer Satzung bestimmte Gebühren erheben. Sie können die Benutzung verweigern, wenn die Widmung die vom Veranstalter vorgesehene Art der Benutzung der öffentlichen Einrichtung nicht deckt (z.B. Karnevalsveranstaltungen im Vortragssaal des gemeindeeigenen Krankenhauses). Bei der Vergabe der Räume müssen die Gemeinden den Gleichheitsgrundsatz beachten. Sie dürfen die Vergabe nicht etwa von der politischen Zielsetzung der Veranstaltung oder der Organisation abhängig machen. Wenn überhaupt politische Veranstaltungen von Organisationen in öffentlichen Räumen stattfinden, so dürfen andere Organisationen nicht von der Durchführung solcher Veranstaltungen ausgeschlossen werden (VG Hannover, Az.: I D 4/72).

Für das Pressefest der UZ wollte die Stadt Düsseldorf im Jahre 1975 die Benutzung der Rheinwiesen untersagen. Das Verwaltungsgericht Düsseldorf (Az.: 5 L

249/75) und das Oberverwaltungsgericht Münster (Az.: III A 1279/75) haben die Stadt Düsseldorf gezwungen, die Rheinwiesen für das Pressefest zur Verfügung zu stellen und ihre Entscheidung damit begründet, daß es sich bei den Rheinwiesen um eine öffentliche Einrichtung handelt, die den Bürgern, also auch den Düsseldorfer Kommunisten, zur Verfügung zu stehen hat.

Das erstrebte Ziel, die DKP von der Benutzung der Rheinwiesen ausschließen zu können, doch noch zu erreichen, hat die Stadt in der Folgezeit eine Umwidmung vorgenommen, wonach die Rheinwiesen nur noch für traditionelle Kirmes- und Schützenfestveranstaltungen zur Verfügung stehen.

Geldsammlungen

Durch die Entscheidung des Bundesverfassungsgerichts, mit der das Reichssammlungsgesetz aus dem Jahre 1934 für verfassungswidrig und nichtig erklärt worden ist, sind die Bundesländer veranlaßt worden, eigene Sammlungsgesetze zu schaffen. Soweit ein solches Gesetz noch nicht erlassen ist, ist jede Sammlung ohne weiteres erlaubt. Durch Anruf beim Ordnungsamt der Stadt läßt sich mühelos erfahren, ob ein Sammlungsgesetz besteht.

Ein Gesetz, das höhere Anforderungen stellt als das nordrhein-westfälische, dürfte nach der genannten Entscheidung des Bundesverfassungsgerichts verfassungsrechtlich unzulässig sein. Die folgende Darstellung gilt deshalb exemplarisch für alle Bundesländer, die ein Sammlungsgesetz erlassen haben.

Erlaubnispflichtig sind Straßen- oder Haussammlungen. Straßensammlungen sind Geldsammlungen mit einer Sammelbüchse auf öffentlichen Straßen oder Plätzen; Haussammlungen sind solche mit Sammellisten von Haus zu Haus. Die Erlaubnis für diese Sammlungen erteilt das Ordnungsamt und, wenn sie über den Bezirk einer Stadt hinausgeht, der Regierungspräsident oder Innenminister. Sie darf nur in Ausnahmefällen verweigert werden.

Keiner Erlaubnis dagegen bedürfen Sammlungen durch Werbeschreiben und Spendenbriefe, durch Aufrufe in der Presse oder auf Plakaten, bei Bekannten, in Gastwirtschaften oder Versammlungsräumen nach einer öffentlichen Veranstaltung. Sammlungen unter den Angehörigen einer Vereiniging bedürfen ebenfalls keiner Erlaubnis.

Die Behörde kann die Sammlungserlaubnis dann verweigern, wenn durch die Art der Sammlung oder durch den Zweck der Sammlung, die öffentliche Sicherheit oder Ordnung gefährdet wird oder wenn nicht gesichert ist, daß die Sammlung ordnungsgemäß durchgeführt und der Sammlungsertrag zweckentsprechend verwendet wird. Die Erlaubnis kann auch dann verweigert werden, wenn gleichzeitig mehrere Sammlungen stattfinden. Aus praktischen Gründen (Sammlungsertrag) empfiehlt es sich schon, dann auf eine andere Zeit auszuweichen, auch wenn aus verfassungsrechtlichen Gründen Bedenken gegen die Ausnahmeregelung bestehen.

Der Innenminister des Landes Schleswig-Holstein hatte der SDAJ die Erlaubnis einer Geldsammlung „zur Unterstützung des chilenischen Widerstandskampfes gegen den Faschismus" untersagt. Das schleswig-holsteinische Verwaltungsgericht hat dazu in einer beispielhaften Entscheidung ausgeführt:

„Die Voraussetzungen für eine Versagung der Erlaubnis liegen bei der von der Antragstellerin geplanten

Sammlung nicht vor. Die Gewähr für die ordnungsgemäße Durchführung der Sammlung und für die zweckentsprechende, einwandfreie Verwendung des Sammlungsertrages ist gegeben. Nach den Angaben im Antrag ist der Ertrag für die Unterstützung des chilenischen Widerstandes gegen die gegenwärtig in Chile herrschende Militärjunta bestimmt. Bedenken dagegen, daß die gesammelten Gelder diesem Zweck auch zugute kommen, können bei der gegebenen Sachlage nicht bestehen. Die Antragstellerin hat dazu vorgetragen, daß der Sammlungsertrag über das ASK (Antiimperialistisches Solidaritätskomitee für Afrika, Asien und Lateinamerika) und die Organisation ‚Chile Democratico' an die Führung des chilenischen Widerstandes weitergeleitet wird. Diese Angaben werden durch das Schreiben des Innenministers vom 22. Oktober 1974 in vollem Umfang bestätigt. Da die Sammlung nach den Angaben der Antragstellerin gerade diesem Zweck dienen soll, besteht kein Anlaß zu Bedenken gegen eine zweckentsprechende, einwandfreie Verwendung des Sammlungsertrages. Daß dieser Zweck möglicherweise nicht ausschließlich karitativer Art ist, sondern die Spenden auch zur Förderung gewaltsamer Auseinandersetzungen verwendet werden können, hat in diesem Zusammenhang außer Betracht zu bleiben. Diese Möglichkeit muß nach der Angabe des Verwendungszwecks jedem möglichen Spender bewußt sein. Es bleibt seiner Entscheidung überlassen, ob er unter diesen Voraussetzungen spenden will.

Der Verwendungszweck der Spenden kann allerdings eine Rolle spielen bei der Prüfung der Frage, ob durch die Verwendung des Sammlungsertrages die öffentliche Sicherheit und Ordnung gestört wird. Für eine mögliche Störung der öffentlichen Sicherheit ergibt der Sachverhalt keine Anhaltspunkte. Eine Störung der öffentlichen Ordnung könnte dann vorliegen, wenn mit dem Ertrag der Sammlung Ziele gefördert werden sollten, die als verwerflich oder gar sittenwidrig angesehen werden müßten. Die Kammer vermag in der Unterstützung des Widerstands nichts Verwerfliches oder Sittenwidriges zu erblicken. Unter gleichen Umständen hätte in der Bundesrepublik Deutschland gemäß Art. 20 Abs. 4 GG jeder Deutsche das Recht zum Widerstand." (Az.: 3 D 121/74)

Beispiel einer Anmeldung:
An das Ordnungsamt (Regierungspräsident, Innenminister)
Betrifft: Sammlungserlaubnis
Hiermit beantrage ich eine Sammlungserlaubnis zur Durchführung einer Haussammlung (Straßensammlung) in der Zeit vom (Datum) bis (Datum).
Träger der Sammlung ist...
Zweck der Sammlung ist...
Unterschrift

Die Zeit für Straßensammlungen und Haussammlungen kann höchstens sechs Wochen betragen.

Die Ordnungsbehörde kann die Erlaubnis von Auflagen abhängig machen. Sie wird regelmäßig verlangen, daß bei der Straßensammlung eine abgestempelte Erlaubnis, die auf den Namen des Veranstalters und des Sammlers lautet, mitgeführt wird. Sie kann auch verlangen, daß jeder Sammler einen Ausweis erhält, der ordnungsbehördlich abgestempelt ist.

Auf den Zweck der Sammlung darf die Behörde keinen Einfluß nehmen.

Nach den Richtlinien des Innenministers dürfen die Unkosten 5 Prozent des Sammlungsertrages, bei Abzeichenverkauf 10 Prozent betragen. Die Ordnungsbehörden können die zulässigen Unkostensätze im Wege der Auflage festsetzen.

Als Sammler dürfen Jugendliche ab 14 Jahren tätig werden. Bei Straßensammlungen dürfen sie jedoch nur bis zum Eintritt der Dunkelheit eingesetzt werden.

Flugblätter und Plakate

Impressum

Nach den Landespressegesetzen müssen Flugblätter ein Impressum haben, in dem Name, Firma und Anschrift des Druckers und des Verlegers oder des Verfahrens bzw. Herausgebers genannt sind:
Druck: Druckerei Meier, Frankfurt, Amselgasse, Herausgeber: Anton Müller, Frankfurt, Heddernheimer Landstraße,
oder, wenn man das Flugblatt selbst hergestellt hat:
Eigendruck: Verantwortlich: Anton Müller, Frankfurt, Heddernheimer Landstraße.

Der Herausgeber oder der als verantwortlich Aufgeführte ist, ebenso wie der Verfasser, für den Inahlt des Flugblattes presserechtlich verantwortlich.

Verteilung

Das Verteilen von Flugblättern ist genehmigungsfrei. In manchen Städten gibt es allerdings Satzungen, die die Verteilung von einer vorherigen Erlaubnis abhängig machen. Teilweise werden für die Erlaubnis sogar Gebühren erhoben. Die Verteilung ohne Erlaubnis soll als Ordnungswidrigkeit mit einem Bußgeld belegt werden können.

Diese Satzungen und darauf beruhende Bußgelder sind verfassungswidrig. Auf diesen Standpunkt haben sich z.B. die Oberlandesgerichte Düsseldorf (Az.: 1 Ss [OWi] 196/74), Köln (Az.: Ss [OWi] 74/74) und Frankfurt (Az.: 2 Ws [B] 161/75) gestellt. Ähnlich haben die Oberlandesgerichte Stuttgart und Celle entschieden. Das Amtsgericht Bochum hat seine entsprechende Entscheidung wie folgt begründet:

„Das Verteilen politischer Flugschriften durch politisch engagierte Bürger ist auch in der Bundesrepublik Deutschland traditionsgemäß eine übliche Form der politischen Betätigung und damit der politischen Meinungsäußerung. Es ginge nicht an, daß die Rechtmäßigkeit derartiger politischer Meinungsäußerungen von der vorhergehenden Erlaubnis der Ordnungsbehörde abhängig wäre. Das wäre ein Rückfall in obrigkeitsstaatliche Verhältnisse." (Az 36 OWi 405/75)

Die Gerichte haben sich auf den Standpunkt gestellt, daß es sich dabei um erlaubnisfreien Gemeingebrauch handelt, nicht aber um eine erlaubnispflichtige Sondernutzung. Dies gilt auch für das Verteilen von Betriebszeitungen, Wohngebietszeitungen und sogar für den Verkauf von politischen Zeitungen wie der UZ.

Der Verkauf verstößt auch nicht etwa gegen die Gewerbeordnung, weil die Zeitungsverkäufer politischer

Zeitungen unentgeltlich und deshalb nicht gewerbsmäßig handeln (so Amtsgericht Oberhausen, Az.: 16 Cs P 6/74).

Die durch weggeworfene Flugblätter entstehende Verunreinigung muß die Stadt in Kauf nehmen. Darauf kann weder ein Verteilungsverbot gestützt werden, noch können etwa Reinigungsgebühren von den Verteilern erhoben werden. Die Stadt kann sich insoweit allenfalls an die Bürger wenden, die die Flugblätter weggeworfen haben.

Selbstverständlich dürfen Flugblätter auch vor Schulen oder Fabriken verteilt werden. Der öffentliche Bürgersteig vor einem solchen Gebäude unterfällt nicht dem Hausrecht des Fabrikherrn oder Schuldirektors. Die Toreinfahrt dagegen oder der Schulhof unterfallen dem Hausrecht. Dort kann das Verteilen verboten werden.

Plakate

Auch Plakate müssen, wie Flugblätter, ein Impressum haben.

Gelegentlich wird versucht, den presserechtlich Verantwortlichen zugleich auch zum Schadenersatz für wildes Kleben zu verpflichten. Die Übernahme der presserechtlichen Verantwortung bedeutet aber lediglich die Übernahme für den Inhalt des Plakates, nicht zugleich für das Kleben (Landgericht Köln, Aktenzeichen: 11 S

424/73; LG Lübeck 6 S 205/73 und Verwalgungsgericht Gelsenkirchen, Aktenzeichen: 5 K 499/73; Verwaltungsgericht Arnsberg, Az.: 1 K 1384/78).

Die Zugehörigkeit zu einem Vereinsvorstand begründet nicht etwa eine Pflicht, „wilde Plakatierungen" dieser Organisation zu verhindern, auch nicht die Antragstellung. Die „Ordnungspflichtigkeit für wildes Plakatieren durch Parteiangehörige" trifft einen Parteifunktionär nur dann, wenn er Weisungen zur Plakatierung nicht nur erteilen konnte, sondern tatsächlich auch erteilt hat (OVG Münster, Az.: IV A 1251/77).

Nach einer Entscheidung des Bundesgerichtshofes ist das Kleben eines Plakates auf fremdem Eigentum ohne Einwilligung des Eigentümers auch nicht ohne weiteres eine Sachbeschädigung. Der Bundesgerichtshof hat dazu ausgeführt: „Wer auf einen Verteilerkasten der Deutschen Bundespost ein Plakat klebt, ohne damit die Substanz des Kastens zu verletzten oder seine Brauchbarkeit zu beeinträchtigen, begeht keine Sachbeschädigung." (Az.: 5 StR 166/79)

Wenn hingegen die Substanz verletzt wird, etwa weil der verwandte Klebstoff bewirkt, daß sich das Plakat ohne Beschädigung des Lacks oder der Oberfläche des beklebten Gegenstandes nicht entfernen läßt, so liegt Sachbeschädigung vor. Diese Sachbeschädigung kann auf Grund eines Strafantrages des jeweiligen Eigentümers verfolgt werden. Häufig werden jedoch solche Verfahren wegen Geringfügigkeit eingestellt.

Auch der Verkauf von Plakaten begründet nicht ohne weiteres die Haftung für das Kleben (VG Gelsenkirchen, a.a.O.).

Wenn man fremdes Eigentum ohne Einwilligung des Eigentümers mit Plakaten versieht, kann der Eigentümer wegen Sachbeschädigung Strafantrag stellen. Häufig werden solche Verfahren jedoch auch wegen Geringfügigkeit eingestellt.

Zivilrechtlich kann der Eigentümer Schadenersatz verlangen, d.h. das Geld, das er für die Entfernung der Plakate aufwenden mußte. Wenn allerdings schon Plakate an der fraglichen Stelle klebten, so spricht das dafür, daß der Eigentümer nichts dagegen hat. Außerdem wird er dann für die Entfernung kaum Schadenersatz verlangen können, weil durch das Bekleben bereits beklebter Stellen keine zusätzlichen Aufwendungen für ihn entstehen. Es dürfte sich auch nicht als Sachbeschädigung darstellen, weil, soweit es überhaupt Sachbeschädigung ist, diese durch das frühere Plakat bereits eingetreten ist.

Durch Ortssatzung ist in vielen Städten das „wilde" Plakatieren mit einem Bußgeld bedroht. Gegen diese Satzungen bestehen verfassungsrechtliche Bedenken, weil auch Plakate unter Artikel 5 des Grundgesetzes fallen. Teilweise sind die Städte durch Gerichtsurteile verpflichtet worden, die Aufstellung eigener Plakatständer, wenn diese sicher genug und nicht verkehrsstörend angebracht waren, zuzulassen. Es geht nicht an, ausschließlich den kostspieligen Weg über die Städtereklame offen zu lassen, weil sonst viele von der Ausübung des Grundrechts aus Geldmangel ausgeschlossen wären. Die Städte werden die Genehmigung zur Aufstellung eigener Plakatständer immer dann erteilen müssen, wenn sie anderen Organisationen usw. (z. B. einem Zirkus) die Aufstellung gestatten.

Rechtsmittel

Wenn eine Behörde die beantragte Sondernutzungserlaubnis oder eine andere Genehmigung verweigert oder wenn sie Auflagen verhängt, handelt es sich um Verwaltungsakte, die mit dem Rechtsmittel des Widerspruchs angefochten werden können. Der Widerspruch muß innerhalb einer Frist von einem Monat seit Zugang der Entscheidung eingelegt werden.

Beispiel:

Betrifft: Widerspruch gegen Ihre Verfügung vom ..., Aktenzeichen: ...

Gegen Ihre Verfügung vom ... lege ich hiermit Widerspruch ein.

Ich halte Ihre Verfügung aus folgenden Gründen für rechtswidrig ...

Unterschrift.

Den Widerspruch legt man bei der Behörde ein, die auf dem Briefkopf in dem Verwaltungsakt (Auflage, Verbot) angegeben ist. Üblicherweise ist einem Verwaltungsakt eine „Rechtsmittelbelehrung" beigefügt. In dieser Rechtsmittelbelehrung steht, wo das Rechtsmittel einzulegen ist. Fehlt die Rechtsmittelbelehrung, so verlängert sich die Widerspruchsfrist auf ein Jahr.

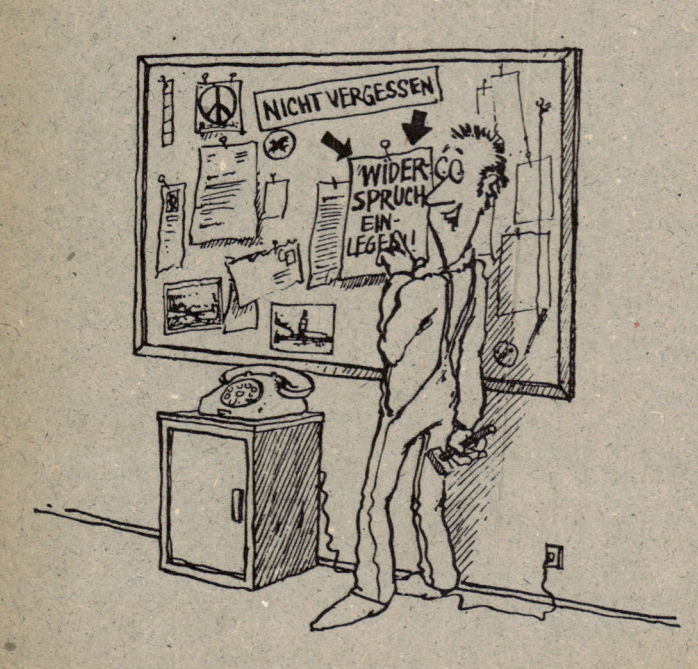

Wenn in dem Verwaltungsakt der Behörde nicht ausdrücklich die „sofortige Vollziehung" der Maßnahme angeordnet und begründet ist, so wird mit der Erhebung des Widerspruchs die sogenannte aufschiebende Wirkung erreicht, Auflage oder Verbot haben also keine Gültigkeit. Erst mit der Entscheidung über den Widerspruch gewinnt der alte Verwaltungsakt, wenn er nicht aufgehoben wird, seine Bedeutung zurück. Die Klage vorm Verwaltungsgericht hat erneut aufschiebende Wirkung, wenn nicht die „sofortige Vollziehung" angeordnet ist.

Wenn die „sofortige Vollziehung" angeordnet ist, so kann das Verwaltungsgericht auf Antrag die aufschiebende Wirkung des Widerspruchs oder der Klage wiederherstellen. Die „sofortige Vollziehung" darf nur in Ausnahmefällen angeordnet werden. Aus rechtsstaatlichen Gründen ist diese Anordnung an besondere Voraussetzungen geknüpft, so daß die Anrufung des Verwaltungsgerichtes vielfach erfolgversprechend ist. In Zweifelsfällen sollte man einen Rechtsanwalt zu Rate ziehen.

Erteilt eine Behörde eine Genehmigung nicht, so kann das Verwaltungsgericht im Wege der einstweiligen Anordnung die Behörde zur Erteilung der Genehmigung verpflichten. Der Antrag auf Erlaß einer einstweiligen Anordnung ist jedoch nur sinnvoll, wenn die Sache so eilbedürftig ist, daß die Entscheidung im ordentlichen Verfahren nicht abgewartet werden kann.

Um die Rechtswidrigkeit eines Verwaltungsaktes feststellen zu lassen, kann das Verwaltungsgericht auch dann angerufen werden, wenn sich der Verwaltungsakt an sich durch Zeitablauf bereits erledigt hat (z. B. die beantragte Erlaubnis für den Informationsstand ist nicht erteilt worden. Der aktuelle Anlaß, aus dem der Informationsstand abgehalten werden sollte, ist inzwischen vorbei). Damit die Behörde in Zukunft sich rechtmäßig verhält, kann es gleichwohl sinnvoll sein, die Rechtswidrigkeit des Verwaltungsaktes feststellen zu lassen.

Auch die Anordnungen der Polizei sind Verwaltungsakte, die mit den genannten Rechtsmitteln bekämpft werden können. Die beispielsweise während einer Demonstration mündlich ausgesprochenen Anordnungen müssen aber regelmäßig sofort befolgt werden. Der mündliche Widerspruch bewirkt hier nicht etwa die sogenannte aufschiebende Wirkung. Man kann bei der Polizei beantragen, daß mündlich angeordnete Verwaltungsakte später schriftlich ergehen und begründet werden. Diese können dann wie alle anderen Verwaltungsakte angefochten werden.

Beratungs- und Prozeßkostenhilfe

Seit Januar 1981 gibt es die sogenannte Beratungs- und Prozeßkostenhilfe, die an die Stelle des alten Armenrechts getreten ist.

Beratungshilfe erhalten Alleinstehende, wenn sie nicht mehr als 850,– DM netto monatlich verdienen. Dieser Betrag erhöht sich um 450,– DM für die erste und um je 275,– DM für jede weitere unterhaltsberechtigte Person. Wer als z.B. für seine nichtberufstätige Ehefrau und zwei schulpflichtige Kinder sorgen muß, kann Beratungshilfe bekommen, wenn er nicht mehr als 1850,– DM netto verdient. Er kann zu einem Anwalt *seiner Wahl* gehen und sich von ihm beraten lassen. Der Anwalt übernimmt auch den eventuell erforderlichen Schriftverkehr mit der Gegenseite (z.B. Vermieter) oder mit Behörden (z.B. Widerspruch gegen einen ablehnenden Bescheid, außer Bußgeldbescheid).

Die Beratungshilfe erstreckt sich allerdings nicht auf alle Rechtsgebiete. Ausgenommen sind im wesentlichen das Arbeits-, Sozial- und Steuerrecht. In arbeits- und sozialrechtlichen Angelegenheiten werden Gewerkschaftsmitglieder jedoch von ihrer Gewerkschaft kostenlos beraten. Wem vorgeworfen wird, eine Straftat oder eine Ordnungswidrigkeit (z.B. im Straßenverkehr) be-

gangen zu haben, kann sich im Rahmen der Beratungshilfe nur beraten, nicht aber vertreten lassen. Für die Beratung muß der Ratsuchende dem Anwalt eine Gebühr von 20,– DM zahlen, die aber auch erlassen werden kann. Die restliche Vergütung übernimmt die Staatskasse.

Prozeßkostenhilfe kann erhalten, wer entweder verklagt worden ist oder selbst klagen will. Das gilt – anders als bei der Beratungshilfe – auch für die Arbeits-, Sozial- und Finanzgerichtsbarkeit. Prozeßkostenhilfe kann man entweder selbst bei der Rechtsantragstelle des zuständigen Gerichts oder über einen Rechtsanwalt beantragen. Die Einkommensgrenzen für die vollständige Kostenbefreiung sind dieselben wie bei der Beratungshilfe. Darüber hinaus kann (bis zu bestimmten Obergrenzen) die Möglichkeit eingeräumt werden, die Prozeßkosten teilweise bzw. in Raten zu zahlen. Prozeßkostenhilfe wird allerdings nur gewährt, wenn die Sache nach Ansicht des Gerichts hinreichende Aussicht auf Erfolg hat. Wird der Antrag abgelehnt, muß der Antragsteller also die bis dahin entstandenen und auch alle weiteren Anwaltskosten selbst tragen. Und noch einen weiteren Haken hat die Sache: Wer verliert, muß in jedem Fall dem Gegner die Prozeßkosten (insbesondere Anwaltskosten) erstatten. Also auch dann, wenn Prozeßkostenhilfe bewilligt ist. Die Prozeßkostenhilfe befreit also nur von den Kosten für den eigenen Anwalt und von den Gerichtskosten.

Rechtsantragsstelle

Bei allen Gerichten, also auch bei den Verwaltungsgerichten, bestehen sogenannte „Rechtsantragsstellen". Dort sitzt ein Beamter oder Angestellter, der verpflichtet ist, bei der Abfassung von Klagen oder Anträgen auf Erlaß einer einstweiligen Anordnung oder auf Wiederherstellung der aufschiebenden Wirkung behilflich zu sein. In Eilfällen kann man sich also sofort an diese Stelle wenden und dort seinen Antrag sachgerecht anbringen. Die Rechtsantragsstellen geben sich in der Regel Mühe, den Antragstellern nach besten Kräften behilflich zu sein.

Grundsatz für alle Anträge sollte sein, daß man für sich selbst eine Durchschrift aufbewahrt.

Bußgeldbescheid

Gegen einen Bußgeldbescheid kann binnen einer Woche seit Zustellung Einspruch eingelegt werden. Nur dann findet vor dem Amtsgericht eine Verhandlung über den Einspruch statt, falls das Verfahren nicht vorher eingestellt wird.

Wird die Frist von einer Woche ohne Verschulden versäumt (Urlaub, Krankheit oder andere Gründe), so kann die Wiedereinsetzung in den vorigen Stand beantragt werden. Dieser Antrag muß unverzüglich nach Kenntnisnahme vom Bußgeldbescheid gestellt werden. Es muß glaubhaft gemacht werden (Vorlage von Bescheinigungen oder einer eidesstattlichen Versicherung), daß man schuldlos daran gehindert war, rechtzeitig Einspruch einzulegen.

Die Möglichkeit, Wiedereinsetzung in den vorigen Stand zu beantragen, gibt es auch gegen die Versäumung aller anderen Fristen (Widerspruchsfrist, Klagefrist, Berufungsfrist, Revisionsfrist.).

Verhalten gegenüber der Polizei

Abgesteckt werden soll auch in diesem Kapitel in erster Linie, welche Rechte man hat. Denn das Verhalten gegenüber der Polizei hängt in aller erster Linie natürlich von ihrem Verhalten ab. Was nutzen alle Hinweise bei einer wild gewordenen, blind um sich schlagenden, die angegriffenen Demonstranten z.B. in reine Notwehrsituationen bringenden Poizei oder einem einzelnen Schläger in Uniform? Was helfen rechtliche Tips in einer Situation, in der der Festgenommene auf der Wache einem Sadisten gegenübersteht, der die Gunst der Stunde – ohne Zeugen – zur Rache nutzt? Was wir im folgenden beschreiben, setzt, der Beschränkung sind wir uns bewußt, in irgendeiner Weise noch funktionierende, sich an die gesetzlichen Gebote grundsätzlich haltende Beamte als Gegenüber voraus.

Wenn es anläßlich von Demonstrationen oder anderen Veranstaltungen zu Kontakten mit Polizeibeamten kommt, wäre es an sich das Natürliche, daß diese Beamten sich ihren Gesprächspartnern gegenüber vorstellen. Entsprechend lautet auch eine Anweisung des Innenministeriums Nordrhein-Westfalen, mit der gleichzeitig der Forderung begegnet worden ist, daß Polizeibeamte für jeden erkennbar an der Uniform eine Nummer tragen.

Wenn die Beamten von sich aus ihre Visitenkarte nicht überreichen und sich auch ansonsten nicht vorstellen, sollte man sie nach Namen und Dienstgrad fragen. Verweigern sie die Angaben, so sollte man sich die Nummer des Streifenwagens oder wenigstens die Uhrzeit des Einsatzes und den Ort notieren. Auch sollte man sich Stichworte über das Aussehen der Polizeibeamten machen. Mit Hilfe dieser Angaben läßt sich dann später, wenn das erforderlich sein sollte, ermitteln, um welchen Beamten es sich gehandelt hat.

Die Polizeiuniform genügt, um jemanden als Polizeibeamten auszuweisen. Polizeibeamte in Zivil hingegen müssen sich durch ihren Dienstausweis zu erkennen geben. Geschieht dies nicht, sollte man vorsichtig sein. Es ist bereits vorgekommen, daß Rechtsradikale sich in der Bekämpfung demokratischer Aktivitäten als Polizeibeamte in Zivil ausgegeben haben.

Personalienfeststellung

Zu den häufigsten Arten des Polizeieinsatzes bei Demonstrationen und ähnlichem gehört der Versuch, die Personalien der Verantwortlichen oder aber anderer aktiver Teilnehmer festzustellen.

Grundsätzlich darf die Polizei die Personalien nur feststellen, wenn ein Grund dafür vorliegt (Verdacht strafbarer Handlungen, Zeuge oder ähnliches). Die Personalienfeststellung muß an Ort und Stelle erfolgen. Ausnahmen sind z.B. nur dann gegeben, wenn aufgrund des mit der Demonstration verbundenen Trubels und den Schwierigkeiten der Polizei die Feststellung an Ort und Stelle nicht zuzumuten ist.

Diese Ausnahme wird zunehmend bedenkenlos zur Regel erklärt. Massenverhaftungen zum Zwecke der Personalienfeststellung kennzeichnen viele Demonstrationsabläufe. Der von den obersten Strafverfolgungs- und nachrichtendienstlichen Organen (BKA, Verfassungsschutz usw.) gehegte Wunsch der totalen Erfassung und Datenspeicherung entschiedener Demokraten, tatsächlicher und möglicher Systemkritiker spielt dabei eine entscheidende Rolle. Ebenso der Wunsch, dadurch die Veranstaltungen zu einem irregulären Ende zu zwingen. Daß diese Massenverhaftungen dann noch auf die Art wie z.B. in Nürnberg richterlich gebilligt und verfassungsgerichtlich abgesegnet werden, ist ein Zeichen unserer Zeit, das demokratischen Kämpfern bewußt sein muß. All das sollte aber niemanden daran hindern, gegen jede ungerechtfertigte Personalienfeststellung und erst recht gegen vorläufige Festnahme zum Zwecke der Personalienfeststellung mit den gegebenen Mitteln unter Einschaltung der Öffentlichkeit vorzugehen.

Zu den Personalien gehören: Name, Vorname, Beruf, Wohnort, Wohnung und Staatsangehörigkeit, Fragen, die Religion, Abstammung, Vermögens- und Einkommensverhältnisse, politische Überzeugung und Organisationszugehörigkeit betreffen, brauchen nicht beantwortet zu werden.

Die Vorlage des Personalausweises genügt immer. Wenn man ihn nicht bei sich hat, wozu man nicht verpflichtet ist, genügt ein anderes amtliches Papier mit Lichtbild (z.B. Studentenausweis, Führerschein, Paß oder ähnliches).

Sistierung

Hat der Betroffene kein Ausweispapier bei sich, so darf die Polizei ihn „sistieren", das heißt, ihn mit zur Wache nehmen, um von dort aus seine Peronalien feststellen zu lassen. Die Abfertigung muß ohne Verzögerung erfolgen. Nach der Personalienfeststellung muß der Betroffene sofort entlassen werden. Bereits aus diesem Grund empfiehlt es sich jedoch, den Personalausweis immer mit sich zu führen.

Vorläufige Festnahme

Die vorläufige Festnahme kann erfolgen, wenn jemand auf frischer Tat angetroffen wird und der Flucht verdächtig ist oder seine Personalien nicht sofort festgestellt werden können. Unter diesen Voraussetzungen kann die Festnahme auch durch andere als die Polizei erfolgen,

z. B. durch Werkschutzleute, allerdings nur zu dem Zweck, den Festgenommenen der Polizei zuzuführen.

Der vorläufig Festgenommene hat einen Anspruch darauf, einen Angehörigen oder eine Person seines Vertrauens (Rechtsanwalt) von der vorläufigen Festnahme zu benachrichtigen. Dieses Recht könnte nur dann entfallen, wenn durch die Art der Nachricht der Untersuchungszweck gefährdet würde. Dann aber muß die Polizei unverzüglich von sich aus die Benachrichtigung vornehmen.

Die Polizei muß einen vorläufig Festgenommenen so schnell wie möglich dem Richter vorführen und ihn, wenn der Richter keinen Haftbefehl erläßt, wieder entlassen. Die Entlassung muß spätestens am Tage nach der Festnahme erfolgen.

Der Festgenommene muß sich darüber klarsein, daß gerade der Zeitraum zwischen vorläufiger Festnahme und Vorführung vor den Haftrichter, in dem dann entschieden wird, ob Haftbefehl verkündet oder der Festgenommene freigelassen wird, die Stunden sind, die diejenigen nutzen wollen, die die Festnahme veranlaßt haben. Es sind die Stunden, in denen versucht wird, unter Ausnutzung der psychologischen Zwangslage (Festnahme, Freiheitsentzug, Angst, daß Eltern, Nachbarn, Arbeitgeber davon erfahren, Angst davor, den Arbeitsplatz zu verlieren, die Examensarbeit nicht schreiben zu können, Berufsverbot zu bekommen; die Tatsache, hinter Gitter zu sitzen, zusammen mit anderen, die aus ganz anderen Gründen an dem Tag oder in der Nacht festgenommen worden sind und sich in Polizeigewahrsam befinden) Geständnisse, Namen und Belastungsmaterial gegenüber Kollegen und Genossen, aber auch völlig Unbekannten, Aufschluß über Initiatoren von Aktionen, Organisationen usw. zu erlangen.

Gerade auf solche Situationen gilt es sich vorzubereiten. Situationen, in denen man Selbstbewußtsein, Zuversicht, Geduld, aber auch Skepsis gegenüber Versprechungen benötigt. Das Bewußtsein, daß draußen vor dem Polizeigefängnis Genossen und Freunde sind, daß Anwälte unterwegs sind, daß das Telefon nicht stillsteht, daß die Presse informiert ist, daß es solidarisch sich verhaltende Mitbetroffene gibt, hilft dabei viel. Hieraus ergibt sich auch der Aufgabenkreis für die, die nicht mit festgenommen worden sind.

Verhaftung

Die Verhaftung erfolgt aufgrund eines richterlichen Haftbefehls. Davon muß dem Verhafteten eine Abschrift ausgehändigt werden. Der Haftbefehl muß die vorgeworfene Tat und den Haftgrund enthalten. Spätestens nach der Verhaftung ist es ratsam, sich anwaltlicher Hilfe zu versichern.

Schon vorher kann man selbst Haftprüfung beantragen oder Haftbeschwerde einlegen. Über diese Möglichkeiten wird dem Verhafteten ein Merkblatt ausgehändigt.

Erkennungsdienstliche Behandlung

In vielen Fällen wird eine erkennungsdienstliche Behandlung angeordnet, d.h., es werden Fotos angefertigt und Fingerabdrücke genommen. Sollte die Anordnung dieser Maßnahme zu Unrecht erfolgen, besteht die Möglichkeit, dagegen seinen Protest zu erklären. Die Polizei ist jedoch befugt, auch gegen den Willen des Betroffenen die Maßnahmen durchzuführen. Widerstand würde nur mit Gewalt gebrochen werden und könnte zusätzlich noch zu einer späteren Bestrafung führen.

Wenn das Verfahren eingestellt wird oder Freispruch erfolgt, so steht dem Betroffenen das Recht auf Herausgabe bzw. Vernichtung der erkennungsdienstlichen Unterlagen zu. Dies sollte auch verlangt werden, da erfahrungsgemäß die Polizei gerade im politischen Bereich von sich aus diese Unterlagen nicht vernichtet.

Wird die Herausgabe bzw. Vernichtung abgelehnt, kann man dagegen auch gerichtlich vorgehen. Oft reicht die Androhung eines verwaltungsgerichtlichen Vorgehens, um die Polizeipräsidenten zur Löschung zu veranlassen. Diese Rechtsmittel behalten ihre Bedeutung auch in einer Zeit, in der illegal und teilweise faktisch ohne

Zugriffsmöglichkeit die Daten allenthalben gespeichert werden, so z. B. bei den politischen Kommissariaten. Sie behalten ihre Bedeutung insofern, als sie dann offiziell – im Falle einer Löschung und ohne legale Speicherungsmöglichkeit – kaum verwertet werden dürften.

Vorladung

Polizeiliche Vorladung

Als Beschuldigter oder Zeuge braucht man einer polizeilichen Vorladung nicht Folge zu leisten. Bei dem Beschuldigten wird dann zumeist davon ausgegangen, daß er sich nicht zur Sache äußern will.

Das Nichterscheinen kann keinerlei nachteilige Folgen haben. Die Polizei muß nämlich ohnehin der Staatsanwaltschaft die Akte vorlegen. Die Staatsanwaltschaft entscheidet dann über die Fortführung oder aber die Einstellung des Verfahrens.

Der Beschuldigte kann sich auch schon in diesem Stadium des Verfahrens durch einen Anwalt vertreten lassen, der z.B. die Möglichkeit hat, die Akten zur Einsicht anzufordern. Wenn schon ein Anwalt beauftragt werden soll, dann sollte bereits auch in diesem Verfahrensabschnitt eine Äußerung nur über ihn oder nach Rücksprache mit ihm erfolgen.

Gerade in Ermittlungsverfahren mit politischem Hintergrund operiert die politische Polizei oft mit einer Methode, mit der das Recht auf Nichterscheinen vor ihr umgangen und gleichzeitig zusätzliche negative Folgen bewirkt werden sollen. Sie erscheinen z.B. auf der Arbeits-

stelle des Beschuldigten, stellen sich dort mit „Kriminalpolizei" vor, verlangen den Beschuldigten zu sprechen. Welche Konsequenzen das hat, kann man sich vorstellen. Auch sucht man ihn zu Hause, in seiner Familie, bei seinen Eltern auf, verwickelt diese dann auch noch in Gespräche. Daß sich unter diesen Umständen an den Rechten nichts ändert, ist klar. Die damit verbundenen Einschüchterungs- und Diskriminierungsversuche sind aber offensichtlich und müssen entschieden zurückgewiesen werden.

Vorladungen von Staatsanwalt und Richter

Nach neuem Recht sind Zeugen und Beschuldigte nunmehr verpflichtet, auf Ladung vor der Staatsanwaltschaft zu erscheinen.

Der Beschuldigte hat aber auch in diesem Fall das Recht, zu den Vorwürfen zu schweigen. Der Zeuge hingegen hat die Pflicht, auszusagen, es sei denn, er hätte ein Zeugnisverweigerungsrecht (z.B. Verwandschaft, Gefahr der Selbstbezichtigung). Zeugen und Beschuldigte haben das Recht auf anwaltlichen Beistand.

Folgt man ohne genügende Entschuldigung der staatsanwaltlichen Vorladung nicht, so kann die Vorführung angeordnet werden und durch die Polizei erfolgen.

Für die richterliche Vorladung gilt dasselbe wir für die staatsanwaltschaftliche.

Vernehmung

Schriftliche Aussage

Spätestens nach der staatsanwaltschaftlichen oder richterlichen Vorladung empfiehlt es sich in den meisten Fällen, einen Anwalt aufzusuchen, damit dieser die Akten einsehen und ggf. eine schriftliche Aussage anfertigen kann. Dieses Recht auf Akteneinsicht hat nur der Rechtsanwalt. Die schriftliche Aussage wird vom Anwalt oft mit einer rechtlichen Wertung verbunden, die zur Einstellung des Verfahrens beitragen kann. Es könnte dann eine Hauptverhandlung vermieden werden.

Polizeiliche Vernehmung

Bei Beginn der ersten Vernehmung, sei es durch Polizei, Staatsanwalt oder Richter, muß dem Beschuldigten eröffnet werden, welche Tat ihm vorgeworfen wird und gegen welche Strafvorschriften er verstoßen haben könnte. Außerdem ist er darauf hinzuweisen, daß ihm freisteht, zur Sache auszusagen. Er ist lediglich verpflichtet, seine Personalien anzugeben.

Er ist außerdem darüber zu belehren, daß er sich auch vor der Vernehmung der Hilfe eines Verteidigers bedienen kann.

Aus dem Schweigen dürfen für den Beschuldigten keine nachteiligen Schlüsse gezogen werden. Die teilweise Aussage erlaubt dem Gericht dagegen, aus dem Schweigen im übrigen nachteilige Schlüsse zu ziehen.

Erfahrungen aus der demokratischen Bewegung haben gezeigt, daß es sinnvoll ist, sich zunächst nicht zur Sache zu äußern, sondern dies über den zur Hilfe genommenen Anwalt zu tun. Denn solche Äußerungen geschehen oft im Zeichen der Erregung oder auch der Angst und sind dadurch nicht genügend differenziert. Sie geben dann später den Strafanzeigeerstattern oder anderen Zeugen die Möglichkeit, ihre ursprüngliche Aussage noch zu korrigieren. Auch können bei einer Äußerung durch den gewählten Verteidiger in Ruhe Überlegungen über eigene Beweismittel und Zeugen angestellt und diese benannt werden. Auch ist es auf alle Fälle richtiger, von seinem Aussageverweigerungsrecht Gebrauch zu machen, statt sich zu erhoffen, durch Lügen die Situation verbessern zu wollen.

Im Gegensatz zum Zeugen kann der Beschuldigte auch nicht bestraft werden, wenn er bewußt die Unwahrheit sagt.

Verbotene Vernehmungsmethoden

Bei der Vernehmung darf die Freiheit der Willensentschließung und der Willensbetätigung des Beschuldigten und Zeugen nicht beeinträchtigt werden.

Absolut verbotene Vernehmungsmethoden sind: Mißhandlung (Ohrfeigen, grelles Licht in die Augen, Abschneiden der Haare, Hungern- oder Frierenlassen, ständiges Stören im Schlaf, Stehenlassen bei der Vernehmung); Ermüdung (ununterbrochenes Verhör bis zur Erschöpfung der Willenskraft); körperliche Eingriffe oder Verabreichung von Mitteln (Narkoanalyse, Wahrheitsserum, Evipan- und Pervitineinspritzungen, anders Blutprobe durch Arzt bei Alkoholgenuß); Quälerei, Täuschungen (z. B. durch Versprechen, bei Geständnis keine Anzeige gegen den Betroffenen oder dessen Freunde zu erstatten, durch Vortäuschen, Mittäter habe bereits gestanden); Hypnose, Zwang, Drohung (z. B. der Beschuldigte werde, wenn er nicht gestehe, vorläufig festgenommen und müsse die Nacht im Polizeigewahrsam verbringen); Versprechen von Vorteilen (z. B. Zigaretten, Kaffee oder sonstige Genußmittel nur dann, wenn der Beschuldigte gestehe); Alkohol in nicht ganz unbedeutenden Mengen.

Polizeibeamte, die derartige Vernehmungsmethoden anwenden, machen sich sehr schweren Verfehlungen schuldig, die mit hohen Freiheitsstrafen bedroht sind.

Sollten solche Vernehmungsmethoden vorgekommen sein, ist es ratsam, unverzüglich seinen Anwalt darüber zu informieren, damit dieser im frühestmöglichen Zeitpunkt die erforderlichen Schritte einleiten kann.

Erfahrene Strafverteidiger wissen zu berichten – unzählige ihrer Mandanten haben es ihnen immer wieder erzählt, und manchmal kommt es sogar in der Hauptverhandlung heraus –, daß gerade gegenüber Jugendlichen oder gegenüber Beschuldigten, die eine Bewährungszeit laufen haben oder gegenüber denen, die haftempfindlich sind z. B. aufgrund der Angst vor Verlust des Arbeitsplatzes, häufig mit Drohungen und Versprechungen operiert wird. Diese finden dann in den Protokollen natürlich keinen Niederschlag. Sprüche wie etwa: „Wenn du nichts sagst, gehst du erst mal ab in den Kahn" oder: „Ein Geständnis bringt dir mit Sicherheit Rabatt" oder auch von Versprechungen, für den Fall des Geständnisses den Festgenommenen gar nicht erst dem Haftrichter vorzuführen, sondern gleich danach freizulassen, werden immer wieder berichtet.

Vor den offiziellen Vernehmungen finden meist, vor allem bei der Polizei sogenannte informatorische Gespräche statt. Diese beginnen oft scheinbar ganz belanglos. Der Vernehmende redet über alle möglichen privaten Dinge oder zeigt erstaunliches Verständnis. Er hat einen in der Verwandtschaft, der ähnlich denkt. Er selbst gibt manchmal vor, mit den Zielen des Beschuldigten zu sympatisieren. Diese „informatorischen Gespräche" haben nicht die Bedeutung einer Vernehmung. Sie können auch nicht in der Weise verwertet werden wie Vernehmungsprotokolle. Haben diese „informatorischen Gespräche" gerade bei einem, der offiziell die Aussage verweigert, für das Verfahren interessante Aspekte erbracht, so wird mit Sicherheit der Inhalt dieses Gesprächs in Form einer dienstlichen Äußerung des Beamten zu Papier gebracht und möglicherweise dann später in der Hauptverhandlung durch Vernehmung der Vernehmungsperson, durch Vorhalt aus dieser Äußerung zum Gegenstand der Beweisaufnahme gemacht.

Demjenigen, der sich dazu entschlossen hat, von seinem Recht auf Aussage- oder Zeugnisverweigerung Gebrauch zu machen, kann daher nur dringend empfohlen werden, auch solche sogenannten informatorischen Gespräche zu vermeiden. Alles andere kann sich später nur nachteilig auswirken.

Zeugen

Unmittelbar nach einem Vorfall, der zu einem Ermittlungsverfahren führen könnte, sollte man sich darum bemühen, Zeugen für das Geschehen zu finden. Dazu gehören auch Fotografen, die den Vorfall beobachtet und fotografiert haben, und auch Journalisten. Diese sollte man bitten, ihre Unterlagen als Beweismittel zur Verfügung zu stellen. Die Zeugen sollten sich ein kurzes Gedächtnisprotokoll über den Ablauf des Vorfalls machen, da die Hauptverhandlung selbst oft lange Zeit später stattfindet.

Das Gericht ist verpflichtet, die in der Anklage genannten Zeugen zu laden, aber auch die Entlastungszeugen des Angeklagten. Der Angeklagte muß jedoch angeben, zu welchem Beweisthema die Zeugen gehört werden sollen. Er kann die Beweisanträge auch in der Hauptverhandlung stellen, und zwar schriftlich oder zu Protokoll.

Der Angeklagte darf auch Zeugen zum Termin stellen, sie also mitbringen. Er hat das Recht, die Zeugen zu befragen, und zwar sowohl die der Anklage als auch seine eigenen. Nach jeder Zeugenvernehmung kann er eine Erklärung abgeben.

Wenn das Gericht sich sperrt, einen vom Angeklagten

gewünschten Zeugen zu laden, so hat dieser das Recht, den Zeugen selbst zu laden. Mit der Zustellung der Ladung ist ein Gerichtsvollzieher zu beauftragen. Durch undemokratische Gesetzesänderung ist das Recht, diese präsenten Beweismittel zu Beweiszwecken zu hören, allerdings auch eingeschränkt worden. Außerdem muß der Angeklagte dem Gerichtsvollzieher für die Ladung des von ihm selbst zu ladenden Zeugen voraussichtliche Zeugengebühren und Reisekosten zur Verfügung stellen.

Es gibt für Zeugen unter bestimmten Umständen ein Zeugnisverweigerungsrecht. Die wichtigsten Fälle sind: Verlobte, Ehegatte des Beschuldigten (auch wenn die Ehe geschieden ist); Verwandtschaft oder Schwangerschaft. Ein Auskunftsverweigerungsrecht hat der Zeuge, der sich oder einen Verwandten durch eine wahrheitsgemäße Aussage in die Gefahr bringen könnte, selbst verfolgt zu werden. Man muß sich also nicht etwa selbst belasten.

Das Zeugnisverweigerungsrecht der Presseleute, denen Informationen zugegangen sind, besteht grundsätzlich. Es ist stark durchbrochen worden durch die neuere höchstrichterliche Rechtsprechung, die die Beschlagnahme von Filmen, die anläßlich von Demonstrationen gemacht worden sind, zum Zwecke der Strafverfolgung unter bestimmten Umständen für zulässig erklärt.

Beschlagnahme

Beschlagnahmt werden können nur Gegenstände, die als Beweismittel für das Ermittlungs- bzw. Strafverfahren von Bedeutung sein können oder Tatwerkzeuge. Werden solche Gegenstände vom Besitzer nicht freiwillig herausgegeben, so können sie ggf. beschlagnahmt werden. Bei Widerspruch gegen die Beschlagnahme sollte darauf geachtet werden, ihn protokollieren zu lassen. Der beschlagnahmende Polizeibeamte muß dann innerhalb von drei Tagen die richterliche Bestätigung der Beschlagnahme beantragen. Der Betroffene selbst kann jederzeit die richterliche Entscheidung beantragen.

Schriftstücke, Ton-, Bild- und Datenträger, Abbildungen und andere Darstellungen, die sich im Besitz von Redakteuren oder anderen bei der Redaktion angestellten Personen befinden, dürfen grundsätzlich wegen des bestehenden Zeugnisverweigerungsrechts nicht beschlagnahmt werden. Eine Ausnahme gilt lediglich dann, wenn die betreffenden Personen der Teilnahme oder der Begünstigung bzw. Strafvereitelung verdächtig sind! (Weitere Ausnahme: siehe Kapitel „Zeugen".) Aber auch dann darf die Beschlagnahme nur durch einen Richter angeordnet werden. Die Staatsanwaltschaft oder ihre polizeilichen Hilfsbeamten, die sonst bei Gefahr im Ver-

zuge die Beschlagnahme anordnen dürfen, sind in diesem Fall nicht dazu befugt.

Bestimmte Gegenstände dürfen von den Polizeibeamten nicht beschlagnahmt werden. Bei freiwilliger Herausgabe jedoch können sie solche Gegenstände mitnehmen. Sie können später dann auch verwertet werden. Zu diesen beschlagnahmefreien Gegenständen gehören: Schriftliche Mitteilungen zwischen dem Beschuldigten und seinem Verlobten oder Ehegatten, seinen Eltern oder Kindern, Schwiegereltern, Geistlichen und Rechtsanwalt, Aufzeichnungen, die die Genannten über Mitteilungen des Beschuldigten gemacht haben oder über andere Umstände, auf die sich ihr Zeugnisverweigerungsrecht bezieht und beispielsweise ärztliche Untersuchungsbefunde, soweit sich darauf das Zeugnisverweigerungsrecht erstreckt. Auf diese Beschränkungen kann sich nur der genannte Personenkreis berufen.

Durchsuchung

Durchsuchungen stellen einen außerordentlich schweren Eingriff in die verfassungsrechtlich verbürgten Grundrechte dar. Sie dürfen deshalb nur durch den Richter angeordnet werden, bei Gefahr im Verzuge auch durch die Staatsanwaltschaft und ihre Hilfsbeamten.

Die Anordnung durch den Richter ist erfolgt durch den richterlichen Durchsuchungsbefehl, der zu Beginn einer Durchsuchung vorzulegen ist. Wenn der Betroffene allerdings auch mit der Durchsuchung einverstanden ist, bedarf es keiner richterlichen Anordnung.

Nach der Durchsuchung ist dem Betroffenen auf Verlangen eine schriftliche Mitteilung zu machen, die den Grund der Durchsuchung und, sofern er selbst als Täter oder Teilnehmer verdächtigt wird, die Straftat bezeichnen muß. Ebenfalls ist ihm auf Verlangen ein Verzeichnis der beschlagnahmten Gegenstände zu geben. Wenn nichts Verdächtiges gefunden worden ist, ist ihm auch das auf Verlangen zu bescheinigen. Diese Bescheinigungen sind für ein nachfolgendes Strafverfahren wichtig, auch für eventuelle Schadensersatzansprüche. Bereits aus diesen Gründen sollte man darauf achten, daß der Inhalt der Bescheinigungen vollständig und richtig ist. Für den Fall, daß der Durchsuchung widersprochen worden ist, sollte man darauf achten, daß auch gerade dieser Widerspruch in der Bescheinigung vermerkt ist.

Die Hausdurchsuchung ist zur Nachtzeit nicht zulässig. Nachtzeit ist vom 1. April bis 30. September in der Zeit von 9.00 Uhr abends bis 4.00 Uhr morgens und vom 1. Oktober bis 31. März in der Zeit von 9.00 Uhr abends bis 6.00 Uhr morgens. Nur bei Verfolgung auf frischer Tat und bei Gefahr im Verzug darf die Durchsuchung auch nachts erfolgen.

Der Inhaber der durchsuchten Räume (nicht der Beschuldigte, wenn er nicht – wie meist – Inhaber der Räume ist, und auch nicht sein Rechtsanwalt) darf der Durchsuchung immer beiwohnen.

Wird die Durchsuchung ohne Anwesenheit eines Richters oder eines Staatsanwalts vorgenommen (Dienstausweis zeigen lassen!), so sollte man die Zuziehung von Zeugen verlangen. Die Polizei ist verpflichtet, entweder einen Gemeindebeamten oder zwei Mitglieder der Gemeinde, die nicht Polizisten sind, als Zeugen zuzuziehen. Diese Vorschrift wird fast immer unbeachtet gelassen. Allerdings darf die Polizei die Zeugen selbst aussuchen. Sie darf auf ihre Zuziehung nur dann verzichten, wenn diese nicht möglich ist – ein praktisch kaum möglicher Fall. Da die Polizei üblicherweise keine Zeugen zuzieht, ruft man seinen Anwalt oder einen Freund an und bittet ihn, zu kommen. Weil die Polizei Zeugen zuziehen muß, aber keine hat, wird sie deren Anwesenheit zulassen. Wenn die Polizei keine Zeugen zuzieht und auch die anderen nicht zulassen will, verlangt man sofort den Abbruch der ungesetzlichen Durchsuchung und die Aufnahme des Verlangens in das Protokoll. Weigert sich die Polizei, so droht man Dienstaufsichtsbeschwerde an, die man nachher auch einlegt.

Wenn der Inhaber der Räume nicht anwesend ist, muß die Polizei den Vertreter, einen erwachsenen Angehörigen, einen Hausgenossen oder einen Nachbarn zuziehen. Auch diese Pflicht entfällt nur, wenn das nicht möglich ist – ein kaum denkbarer Fall.

Die Durchsicht der persönlichen Papiere (Manuskripte, Briefe, Tagebücher, Druckfahnen oder Korrekturabzüge – nicht Druckwerke, die schon veröffentlicht sind –, persönliche oder geschäftliche Schriftstücke z. B.) steht nur dem Staatsanwalt zu. Die Polizeibeamten dürfen die Papiere nur sichten, wenn der Berechtigte einwilligt. Will man nicht, daß die Polizeibeamten diese Papiere durchsehen, muß man ausdrücklich zu Beginn der Durchsicht widersprechen. Die Polizeibeamten dürfen die Papiere dann nur noch grob sichten und die Papiere, die ihnen wichtig erscheinen, in einen Umschlag verpacken und versiegeln. Das muß in Gegenwart des Betroffenen geschehen, der das Recht hat, neben dem Siegel der Polizei sein eigenes Siegel anzubringen (durch Stempel oder Unterschrift). Die Staatsanwaltschaft soll ihn zur Eröffnung des versiegelten Umschlages vorladen.

In dem Verzeichnis müssen die Gegenstände, die beschlagnahmt worden sind, einzeln aufgeführt sein. Die Anwesenheit des Betroffenen während des gesamten Verlaufs der Durchsuchung und auch – wenn möglich – der Zeugen, ist empfehlenswert.

Häufig geht die Polizei von dem Einverständnis des Betroffenen aus, wenn dieser nicht ausdrücklich widerspricht und vermerkt insofern auch im Protokoll den Satz, es sei „im Einverständnis mit dem Berechtigten" gehandelt worden, obwohl über die Frage des Einverständnisses nicht gesprochen worden ist. Wie immer gilt auch in diesem Fall: Unterschriften dürfen nur nach sorgfältigem Durchlesen geleistet werden. Was nicht richtig ist, kann man streichen, was fehlt, hinzusetzen. Unabhängig davon, ob man mit dem Inhalt einverstanden ist oder nicht, braucht man die Unterschrift nicht zu leisten.

Wer sich noch an die große Kalkar-Demonstration und später Brokdorf erinnert, weiß, daß im Vorfeld solcher Demonstrationen, teilweise hunderte Kilometer vorher Durchsuchungen der Pkws und Busse unter Bezugnahme auf allgemeine polizeirechtliche Grundsätze stattgefunden haben. Im Rahmen der Baader-Meinhof-Hysterie ist die gesetzliche Möglichkeit geschaffen worden, Kontrollstellen einzurichten. An einer Kontrollstelle muß sich jeder ausweisen, sich und seine mitgeführten Sachen – seinen PKW z. B. – durchsuchen lassen, ohne daß er etwas Strafbares getan hat, ohne daß nur irgendein konkreter

Verdacht gegeben ist.

Zwar sollen solche Kontrollstellen nur eingerichtet werden, wenn „bestimmte Tatsachen den Verdacht" begründen, daß, wenn auch nur in Form des Versuchs ein Raub mit Schußwaffen oder die „Bildung einer terroristischen Vereinigung" geschehen sein soll. Auch hier zeigt die Wirklichkeit, was aus so einem Ausnahmeinstrument gemacht wird.

Gegen die Verletzung der Bestimmungen über Durchsuchungen und Beschlagnahme kann Dienstaufsichtsbeschwerde eingelegt werden. Während die Beschlagnahme richterlich überprüft werden kann, gibt es gegen den Durchsuchungsbeschluß nach durchgeführter Durchsuchung kein Rechtsmittel.

Aufgrund der Dienstaufsichtsbeschwerde wird geprüft, ob das Verhalten des Polizeibeamten in Ordnung war oder nicht. Der Beschwerdeführer hat einen Anspruch auf einen Bescheid.

Verteidigung

An mehreren Stellen haben wir bereits erwähnt, daß die Möglichkeit besteht, einen Rechtsanwalt als Verteidiger zu beauftragen.

Es gibt inzwischen viele Rechtsanwälte in der Bundesrepublik, die sich den demokratischen Bewegungen verbunden fühlen und in ihnen mitkämpfen. Sie sind meist Mitglieder der Vereinigung Demokratischer Juristen oder auch im Republikanischen Anwaltsverein. Die Rechte der Verteidiger sind in den letzten Jahren drastisch eingeschränkt worden. Dies hat Folgen, die in erster Linie die Angeklagten treffen. So darf ein Rechtsanwalt nur noch einen Beschuldigten aus einem Tatkomplex verteidigen. Werden bei einer Lehrlingsdemonstration zehn Lehrlinge festgenommen und später angeklagt oder z. B. sämtliche Mitglieder des Redaktionskollektivs einer Schülerzeitschrift, so darf ein Anwalt jeweils nur einen Betroffenen verteidigen. Das kann zu großen Schwierigkeiten bei der Suche nach geeigneten Anwälten in politischen Prozessen führen, wie wir es am Beispiel der Nürnberger Massenverhaftungen gesehen haben, wo aus der ganzen Bundesrepublik Anwälte zu Hilfe gerufen werden mußten.

Die Beauftragung des Anwalts ist oft auch ein finanzielles Problem. Selbst wenn in einem Prozeß am Schluß nur eine geringe Strafe herauskommt, muß der Angeklagte seine sämtlichen Verteidigerkosten tragen. Weit verbreitet ist die Vorstellung, daß es im Bereich des Strafrechts eine Pflicht des Staates gäbe, Armen oder Minderbemittelten einen Verteidiger zu stellen. Das ist falsch. Gerade im Strafrecht gilt daher, daß der Reiche, der keine Rücksicht auf Prozeß- und Anwaltskosten zu nehmen hat, viel größere Chancen hat, freigesprochen zu werden oder auf andere Weise glimpflich davon zu kommen.

Im Bereich des Strafrechts gibt es nur die Einrichtung der „Pflichtverteidigung". Unter bestimmten Voraussetzungen ist der Staat verpflichtet, dem Angeklagten einen Verteidiger beizuordnen, dessen Gebühren, die unter den Gebühren eines Wahlverteidigers liegen, zunächst vom Staat übernommen werden. Überläßt man die Auswahl eines solchen Verteidigers dem Gericht, so wird man oft erleben, daß dem Gericht genehme Anwälte, die oft aus ökonomischen Gründen bei Gericht um solche Pflichtverteidigungen nachsuchen und aus diesen Gründen dem Gericht keine Schwierigkeiten machen wollen, ausgesucht werden. Wenn man selbst einen Pflichtverteidiger will, sollte man den eigneneen Vorschlag möglichst bald dem Gericht mitteilen oder den Anwalt, den man beauftragt hat, bitten, seine Beiordnung als Pflichtverteidiger zu beantragen.

Die wichtigsten Fälle, in denen Pflichtverteidigung geboten ist, sind folgende:

Dem Angeklagten wird ein Verbrechen zur Last gelegt; der Beschuldigte befindet sich seit mindestens drei Monaten in einer Anstalt (Haft).

Ein Verteidiger soll auch beigeordnet werden, wenn wegen der Schwere der Tat oder wegen der Schwierigkeit der Sach- oder Rechtslage die Mitwirkung eines Verteidigers geboten erscheint oder ersichtlich ist, daß sich der Beschuldigte nicht selbst verteidigen kann.

Der Gerichtsalltag zeigt, daß diese Bestimmung von den Gerichten eng ausgelegt wird. Es gibt einfach zu viele Richter, die einen Verteidiger nur als lästiges Übel begreifen. Insbesondere in Jugendgerichtsverfahren, in denen man es fast ausschließlich mit Jugendlichen zu tun hat, die ordnungsgemäß selbst verteidigen sich nicht können, wird von der Pflichtverteidigerbeiordnung kaum Gebrauch gemacht.

Der Versuch, einen Anwalt als Pflichtverteidiger beigeordnet zu bekommen, sollte gemacht werden. Es empfiehlt sich für die demokratischen Organistionen einen Überblick über die Anwälte in der Stadt oder näheren Umgebung zu haben, die sich engagiert für die Wahrnehmung demokratischer Rechte einsetzen und man sollte möglichst auch über ihre Adressen und Telefonnummern verfügen. Es kann nützlich sein, wenn man sie auch bei den verschiedensten Aktionen bei sich hat.

Überwachung des Telefons

Wie der Fall Traube gezeigt hat, gehört es inzwischen zur Normalität in unserem Land, daß engagierte Demokraten mit illegalen Lauschangriffen der Geheimdienste rechnen müssen.

In den letzten Jahren sind aber auch Möglichkeiten geschaffen worden, „legal" Telefongespräche zu belauschen, aufzuzeichnen und gegen die Betroffenen zu verwenden, Telefonüberwachung darf angeordnet werden, wenn „bestimmte Tatsachen den Verdacht begründen, daß jemand als Täter oder Teilnehmer" – und jezt folgt eine Unmenge von Straftaten – diese begangen hat oder versucht hat, sie zu begehen. Unter die vielen Delikte, die die Telefonüberwachung rechtfertigen, gehören solche wie „verfassungsfeindliche Einwirkung auf die Bundeswehr und öffentliche Sicherheitsorgane", der berüchtigte § 129 (Bildung krimineller Vereinigungen, man erinnere sich, wer zu einer solchen schon alles abgestempelt wurde), Anstiftung oder Beihilfe zur Fahnenflucht oder Anstiftung zum Ungehorsam in der Bundeswehr, bestimmte Betäubungsmitteldelikte usw.

Die Auswahl ist groß, und die Hemmschwelle der Richter, Telefonüberwachung anzuordnen ist immer geringer geworden. Also: Demokraten müssen damit rechnen, ohne in Panik zu verfallen, daß ihr Telefon abgehört werden könnte. Darauf sollte man sich einstellen!

Von der Telefonüberwachung ist der Betroffene zu benachrichtigen, „sobald dies ohne Gefährdung des Untersuchungszwecks geschehen kann". Welch ein Trost! Selbst dies gilt natürlich nicht für die illegale Abhörerei und Postkontrolle.

Verhalten gegenüber dem „Verfassungsschutz"

In der Bundesrepublik wurde von Anbeginn an die Vorstellung entwickelt, daß über die klassischen Landes- und Hochverratsbestimmungen hinaus ein vorgelagerter Staatsschutz, eine vorbeugende Überwachung und Bekämpfung opponierender Bürger erforderlich sei. Die Gefahr für den Staat wird nicht in gewaltsamen oder sonst gestzwidrigen Handlungen gesehen, sondern in Gesinnungen und Auffassungen, die mit den gesellschaftlichen Verhältnissen nicht zufrieden sind. Aus der Erfahrung, daß ein Staat auf Dauer nur dann bestehen kann, wenn er eine breite Zustimmung seiner Bürger hat, wird nicht in erster Linie der Schluß gezogen, der Staat dürfe nur mit Zustimmung seiner Bürger handeln, sondern man bekämpft vielmehr die Ablehnung und Kritik des Bürgers.

Die speziell dafür errichteten Behörden, die Ämter für „Verfassungsschutz" arbeiten mit geheimdienstlichen Methoden und griffen am Anfang vielfach auf den Personalbestand der Geheimdienste des Nazistaates zurück.

Der mißbräuchliche Einsatz des „Verfassungsschutzes" sollte dadurch behindert werden, daß man ihm keine

polizeilichen Befugnisse gab. Diese Schranke versuchen die Ämter für „Verfassungsschutz" immer wieder zu überschreiten, indem sie auf dem Weg der sogenannten Amtshilfe die Befugnisse anderer Behörden, insbesondere der Polizei in Anspruch nehmen. Nach dem Grundsatz der Amtshilfe sind alle Behörden gegenseitig verpflichtet, sich zu helfen.

Wesentliche Tätigkeit des „Verfassungsschutzes" ist die sogenannte Observierung von Gruppen und Persönlichkeiten der demokratischen Bewegung bis hin zur Bespitzelung engagierter Gewerkschaftsarbeit. Das Feindbild des „Verfassungsschutzes" ist der „linke Systemveränderer, der Radikale und sein Umfeld".

Der „Verfassungsschutz" betreibt aber auch eine vielfältige Öffentlichkeitsarbeit. Es werden nicht nur die jährlichen Berichte der einzelnen Ämter veröffentlicht, vielmehr sind auch Mitarbeiter des „Verfassungsschutzes", ohne daß sie als solche ausgewiesen sind, vielfältig publizistisch tätig.

Dabei entscheidet der „Verfassungschutz" im Benehmen mit der Regierung, welche Gruppierungen und Organisationen er als „verfassungsfeindlich" anprangert. Er veröffentlicht nicht in erster Linie Fakten, sondern seine Bewertungen. Andere Behörden und Gerichte folgen dann den unkontrollierten Beurteilungen des „Verfassungsschutzes".

Der einzelne Bürger und betroffene Organisationen

können sich gegen die Beobachtung, das Sammeln von Informationen und die Bewertungen des „Verfassungsschutzes" kaum wehren. Die Beobachtung erfolgt anonym, niemand weiß, welche Informationen über ihn gespeichert, und zur Grundlage von Bewertungen gemacht werden. Wenn jemand unter besonderen Umständen einmal Bruchstücke erfährt, sind die Möglichkeiten der Klage auf Vernichtung unzutreffender Daten sehr beschränkt. Die Berichte des „Verfassungsschutzes" sind grundsätzlich nicht angreifbar.

Wesentlich für die Betroffenen ist, daß sie gegenüber dem „Verfassungsschutz" nicht zu Auskünften, insbesondere nicht zu Auskünften über andere oder gar zu Spitzeldiensten verpflichtet sind. Die Agenten des „Verfassungsschutzes" haben nicht das Recht zu vernehmen, vorzuladen oder die Wohnung zu betreten. Das gilt auch für Angehörige des öffentlichen Dienstes, die man gesetzlich zu Denunziationen verpflichten möchte.

Man kann nur dazu raten, die Versuche von Agenten des „Verfassungsschutzes" zur Ausforschung und Anwerbung sofort und mit aller Entschiedenheit abzulehnen. In der Arbeiterbewegung galt schon immer der Grundsatz, daß man mit Spitzeln nicht diskutiert. Der Betroffene kann auch nie überblicken, ob er sich sonst nicht rechtswidrig oder sogar strafbar verhalten würde. Abgesehen davon muß er mit der moralischen Verurteilung durch seine Freunde und Mitstreiter rechnen. Gegenüber beharrlichen Anwerbungsversuchen kann man sich durch öffentliche Mitteilung, Informationen an die Presse und dergleichen wehren. Mit dem Versprechen, vor Verfolgung angeblicher und tatsächlicher Straftaten schützen zu können, macht sich der Agent des „Verfassungsschutzes", selbst strafbar.

Im übrigen kann man den Auswirkungen der Tätigkeit des „Verfassungsschutzes" die den Bürger zur politischen Enthaltsamkeit drängt, am besten dadurch begegnen, daß man seine für richtig und rechtmäßig erkannten demokratischen Aktivitäten verstärkt.

Berufsverbotsverfahren

Obwohl in der Verfassung (Art. 33 und 3) steht, daß jeder Bürger Zugang zum öffentlichen Dienst unabhängig von Weltanschauung, Religion, politischer Meinung usw. haben soll, werden in der Bundesrepublik seit über 10 Jahren gerade deswegen Leute nicht eingestellt oder sie werden entlassen. Dabei können Tätigkeiten als Lehrer, Sozialarbeiter oder bei der Bahn und Post überwiegend nur noch im öffentlichen Dienst ausgeübt werden. Der Ausschluß vom öffentlichen Dienst wirkt deshalb wie ein Verbot, den erlernten Beruf auszuüben.

Bei Bewerbungen für den öffentlichen Dienst oder bei Anhaltspunkten für eine unliebsame politische Betätigung wird regelmäßig beim Verfassungsschutz nachgefragt. In diesem Zusammenhang ist bekannt geworden, in welchem Umfang der Verfassungsschutz nicht nur allgemein das öffentliche Leben überwacht, sondern auch gesetzwidrig sogenannte Erkenntnisse über einzelne Bürger sammelt und speichert. Viele Betroffene haben das gesamte Überprüfungsverfahren schon deswegen als rechtswidrig zurückgewiesen. Der ständige Protest der Betroffenen hat bisher nur bewirkt, daß die sogenannte Regelanfrage in einer Reihe von Bundesländern weggefallen ist und nur bei bestimmten Anhaltspunkten eine

Nachfrage beim Verfassungsschutz erfolgt.

Von den Innenministern werden also nach wie vor „Erkenntnisse" den Einstellungsbehörden mitgeteilt und dort den Bewerbern vorgehalten. Vorgehalten werden Teilnahme an Versammlungen und Demonstrationen, Mitgliedschaften in bestimmten Vereinigungen und Parteien und insbesondere Kandidaturen zu öffentlichen Wahlen. Die Einstellungsbehörde schlußfolgert daraus, daß der Betroffene nicht die Gewähr dafür biete bzw. nicht bereit sei, sich stets für die Grundsätze unserer Verfassung einzusetzen.

Manche Betroffenen berufen sich darauf, daß die vorgehaltenen Aktivitäten rechtlich erlaubt und geschützt sind und nur das Bekenntnis bzw. die Äußerung einer bestimmten Überzeugung oder Meinung darstellen. Das gelte insbesondere auch für die Mitgliedschaft in einer Vereinigung oder Partei, die nicht verboten ist. Da niemand wegen seiner Meinung vom öffentlichen Dienst ausgeschlossen werden darf, dürfe eine Behörde die Meinung überhaupt nicht erforschen und es gebe keine Verpflichtung, sich zu den sogenannten Erkenntnissen zu äußern. Einige Gerichte haben diesen Standpunkt auch anerkannt. Überwiegend aber haben insbesondere die höheren Gerichte erklärt, daß die Verweigerung der Einlassung den Verdacht der Unzulässigkeiten bestehen lasse oder daß dann die Erkenntnisse als richtig unterstellt werden könnten.

Andere Betroffene erklären den Anhörern, daß die Verwertung von Erkenntnissen des Verfassungsschutzes rechtswidrig ist, daß es die Behörde von Rechts wegen nicht zu interessieren habe, welche Meinung ein Bewerber habe oder welcher Partei er angehört. Sie stellen dann aber die Frage, inwiefern ihre Meinung oder Unterstützung einer legalen Partei gegen die Verfassung gerichtet sei. Diese Betroffenen stellen damit in gewisser Hinsicht dann doch ihre Überzeugungen und Meinungen zur rechtlich eigentlich unzulässigen Beurteilung der Behörden und Gerichte. Sie nehmen das in Kauf, weil sie besonderen Wert darauf legen, inhaltlich klarzustellen, daß nicht sie die Verfassung angreifen oder mißachten.

Es finden dann häufig umfängliche Vernehmungen zu tagespolitischen und weltanschaulichen Fragen statt, die nur entfernt etwas mit dem Verfassungsverständnis der Betroffenen zu tun haben. Von einem Bewerber oder einem Angehörigen des öffentlichen Dienstes kann nur ein Bekenntnis zu den Prinzipien der Verfassung, nicht aber zur Politik der Regierung oder deren weltanschaulichen Grundlagen verlangt werden. Diese Unterscheidung ist selbst ein Prinzip der Verfassung. Natürlich ist die Unterscheidung oft nicht ganz einfach, weil häufig die Meinung zu dieser oder jener konkreten politischen Maßnahme von einer grundsätzlichen Haltung zur Demokratie, zu den Grundrechten, zum Mehrparteienprinzip usw. bestimmt ist. Wenn ein Betroffener sich auf allgemeine politische Erörterungen einläßt, sollte er jedenfalls stets darauf bestehen, daß bei jeder Frage der Bezug zur Verfassung geklärt wird. Es wird dann meist recht schnell deutlich, daß sich die Vorstellungen und Fragen des Anhörers nicht mehr im Rahmen der Verfassungsprinzipien bewegen. Häufig fordern die Anhörer einfach ein Bekenntnis zur Regierungspolitik oder sie gehen davon aus, daß die gegenwärtigen gesellschaftlichen Verhältnisse identisch mit den Anforderungen des Grundgesetzes seien.

Sie ignorieren, daß ganz andere Ausprägungen der grundgesetzlichen Prinzipien bis hin zu sozialistischen Verhältnissen rechtlich zulässig sind. Der Betroffene muß sich bemühen, diese Umstände möglichst deutlich werden zu lassen. Wenn es direkt nicht hilft, sind die Protokolle solcher Anhörungen jedoch geeignet, die öffentliche Kritik auszulösen und zu fördern. Die große rechtliche Unsicherheit und Willkür der Berufsverbotsverfahren hat auf der anderen Seite eine besondere Empfindlichkeit für öffentliche Kritik zur Folge.

Wenn nach einer Ablehnung Klage auf Feststellung der Rechtswidrigkeit oder auf Einstellung erhoben wird, stehen im gerichtlichen Verfahren im Grunde dieselben Probleme wie im Anhörungsverfahren. Allerdings muß der Betroffene hier häufig um sein Recht kämpfen, sein Verfassungsverständnis in der öffentlichen, mündlichen Verhandlung geschlossen und uneingeschränkt vortragen zu können. Auf diese Weise kann deutlich gemacht werden, daß die Gerichte in ihren Urteilsbegründungen dem Betroffenen Auffassungen und Meinungen unterstellen, die er gar nicht hat. Das geschieht in der Weise, daß dem Betroffenen Ziele einer Vereinigung oder Partei zugerechnet werden, die diesen in der politischen Auseinandersetzung vom politischen Gegner angedichtet werden. Verfahrensrechtlich werden hier einfach Vorstellungen des politischen Gegners und unbewiesene Behauptungen als Tatsachen behandelt. Der Betroffene aber läuft damit Gefahr, beweismäßig ausmanövriert zu werden. Er ist nicht Repräsentant der betreffenden Vereinigung und verfügt nicht über die Möglichkeiten, die Unterstellungen zu widerlegen. Er kann sich nur auf seine persönliche Überzeugung berufen. Auf diese kann es aber auch nur ankommen und deshalb ist es wichtig, die persönlichen Überzeugungen deutlich und unmißverständlich vorzutragen. Dem Anwalt obliegt es darzustellen, daß und wie Bewertungen des Verfassungsschutzes von Gerichten als Tatsachen genommen und von Urteil zu Urteil abgeschrieben werden. Der Betroffene und sein Rechtsanwalt können deutlich machen, daß nicht nur Gesinnung und Meinungen verfolgt, sondern diese auch voreingenommen und unredlich beurteilt werden.

In den Disziplinarverfahren, die auf Entlassung aus dem öffentlichen Dienst gerichtet sind, gibt es wichtige Besonderheiten. Wenn ein Lebenszeit-Beamter entlassen werden soll, ist ein mehrstufiges Disziplinarverfahren vorgeschrieben, und die Behörde muß beim Disziplinargericht den Entlassungsantrag stellen. Hier gelten strengere Beweisregeln. Im Verfahren sind die Regeln des Strafprozesses zu beachten. Dem Betroffenen muß ein Verstoß gegen dienstliche Verpflichtungen nachgewiesen werden. Das führt immerhin dazu, daß jedenfalls die angeblichen Indizien für eine „verfassungsfeindliche" Gesinnung, die oben behandelten „Erkenntnisse" des Verfassungsschutzes über Mitgliedschaften, Teilnahme an Versammlungen usw. bei Schweigen des Betroffenen nicht unterstellt werden können. Manchmal wird es deshalb durchaus zweckmäßig sein, wenn ein Betroffener im Disziplinarverfahren jede Einlassung dazu verweigert. Es geht nicht darum, seine Gesinnung zu verschweigen, sondern den Behörden zu erschweren, dem betroffenen Beamten eine Gesinnung zu unterstellen, die er nicht hat und im übrigen damit auch mühsam erkämpfte Verfahrensrechte wahrzunehmen.

Wie bereits gesagt, wird vielfach die sorgsamste Inanspruchnahme der prozessualen Rechte und Möglichkeiten nichts am Ergebnis des Verfahrens ändern. Wenn es in einem Verfahren um die Beurteilung von Gesinnungen und Meinungen geht, ist gegen Vorurteile und gezielte Unterstellungen nicht leicht anzukommen. Deshalb sollte der Betroffene, um es noch einmal zu sagen, generell möglichst viel Öffentlichkeit für sein Verfahren erstreben. Die Rückwirkung einer veränderten öffentlichen Meinung auf die Behörden und Gerichte ist im Berufsverbotsverfahren eine Schlüsselfrage. Es geht in diesem Verfahren eben weitgehend nicht um rechtliche, sondern um politische Bewertungen, und die sind von der öffentlichen Meinung beeinflußbar.

Hausbesetzungen

Instandbesetzen ist besser als Kaputtbesitzen. Wer diese Meinung in die Tat umsetzt, macht sich nach der, bei Staatsanwaltschaften und Gerichten vorherrschenden Meinung, wegen „politischen Hausfriedensbruchs in Form der Hausbesetzung" strafbar. Die Strafrechtsnorm des § 123 StGB wird herangezogen und besagt, daß Hausfriedensbruch begeht, wer in die Wohnung, in die Geschäftsräume oder in das befriedete Besitztum eines anderen eindringt oder ohne Befugnis darin verweilt, obwohl er vom Berechtigten aufgefordert worden ist, sich zu entfernen. Es kann Freiheitsstrafe bis zu einem Jahr oder Geldstrafe verhängt werden. In der Praxis sind bisher meist Geldstrafen verhängt worden.

Wichtig ist, daß Hausfriedensbruch nur auf Antrag verfolgt wird, der innerhalb von drei Monaten gestellt werden muß. Im Verfahren lohnt es sich oft, diesen Strafantrag genau auf seine formale Richtigkeit zu überprüfen. Nicht jeder Strafantrag kann zur Strafverfolgung führen. Der Strafantrag muß vom Berechtigten gestellt werden.

Bei leerstehenden Häusern ist meist nur der Eigentümer der Berechtigte. Schwierig kann es werden, wenn der Eigentümer eine juristische Person ist. Dann muß der nach Satzung bzw. Gesellschaftsvertrag Vertretungsberechtigte den Strafantrag stellen. Ist die Stadt oder Gemeinde Eigentümer, muß der Strafantrag vom Gemeindedirektor, Stadtdirektor oder Oberstadtdirektor bzw. seinem satzungsmäßig bestimmten Vertreter gestellt werden. Oft werden diese Formalien von den Antragstellern nicht beachtet und die Strafverfolgung scheitert daran. Der Verteidiger, der die Akten kennt, muß also den Strafantrag genau überprüfen.

Ist ein wirksamer Strafantrag gestellt, kann man trotzdem versuchen, durch öffentliche Diskussion die Rücknahme des Strafantrags zu erreichen. Der Strafantrag kann nämlich in jedem Stadium des Verfahrens mit der Folge zurückgenommen werden, daß die Sache eingestellt wird. Im Gesetz steht außerdem, daß in diesem Fall der Antragsteller die Kosten und notwendigen Auslagen, wozu auch die Verteidigerkosten des Beschuldigten gehören, tragen muß. Manchmal kann man aber mit dem Eigentümer zu einer Vereinbarung kommen, daß er den Strafantrag zurücknimmt und die Instandbesetzer ihre notwendigen Auslagen selbst tragen.

Wenn der Strafantrag formal in Ordnung ist, muß dem Betroffenen die Teilnahme an der Besetzung nachgewiesen werden. Insoweit gelten die allgemeinen Regeln der Beweisführung im Strafprozeß. Wenn der Betroffene seine Beteiligung nicht einräumt, muß er durch Zeugen oder andere Beweismittel identifiziert werden.

Wie schon erwähnt, sehen die meisten Gerichte die Hausbesetzung immer noch als Hausfriedensbruch nach § 123 StGB an, obwohl diese Vorschrift aus dem Jahre 1871 stammt und der Gesetzgeber die Problematik leerstehenden Wohnraums nicht kannte und jedenfalls nicht im Auge hatte. Nur wenige Gerichte haben sich die Auffassung zueigen gemacht, daß § 123 StGB leerstehenden Wohnraum nicht schützt, weil es dort überhaupt keinen Hausfriedenbruch gibt und § 123 StGB nicht dem Schutz des Eigentums dient. Dennoch sollte man nicht versäumen, auf diese andere Rechtssprechung aufmerksam zu machen und im übrigen auch mit der im Grundgesetz verankerten Sozialpflichtigkeit des Eigentums argumentieren. Auch Bestimmungen der jeweiligen Landesverfassungen geben eine Argumentationshilfe, da sich dort Vorschriften finden, die das Recht auf Wohnraum garantieren.

Der Bundesgerichtshof als oberstes Strafgericht hat einen besonderen Beitrag zur Kriminalisierung der Hausbesetzer dadurch geleistet, daß er Hausbesetzer, die entschlossen sind, sich im Besitz des Hauses zu halten und sich gegen eine Räumung des Hauses zu wehren, als kriminelle Vereinigung nach § 129 StGB eingeordnet hat. Entsprechend wurde auch im bekannten Nürnberger Fall wegen Verstoß gegen § 129 StGB gegen die Hausbesetzer ermittelt. Der Sachbearbeiter bei der Staatsanwaltschaft Nürnberg ist übrigens der gleiche, der das Verfahren gegen die neofaschistische Wehrsportgruppe Hoffmann zu führen hat. Allerdings sieht er diese Gruppe, auf deren Konto zahlreiche gewalttätige Anschläge gehen, nicht als kriminelle Vereinigung nach § 129 StGB an.

Die Räumung des Hauses kann aufgrund einer vom Eigentümer erwirkten einstweiligen Verfügung erfolgen. Sind die Hausbesetzer nicht namentlich bekannt, wird der Eigentümer Schwierigkeiten haben, die einstweilige Verfügung beim Gericht zu erwirken, weil der Adressat einer einstweiligen Verfügung hinreichend bestimmt oder bestimmbar sein muß. Da bei Hausbesetzungen der Personenkreis erfahrungsgemäß häufig wechselt, ist die Bestimmbarkeit oft schwierig. Einige Gerichte lehnen den Erlaß einer einstweiligen Verfügung ab, solange der Adressat nicht hinreichend bestimmt ist. Andere Gerichte setzen sich großzügig über das Erfordernis der Bestimmbarkeit hinweg. Wenn der Eigentümer eine einstweilige Verfügung erwirkt hat, kann er mit Hilfe der Polizei das Haus räumen lassen.

Häufig erfolgt die Räumung des Hauses auch, ohne daß eine einstweilige Verfügung des Gerichtes ergangen ist. Die Polizei schreitet aufgrund ihrer gesetzlichen Verpflichtung ein, jede Störung der öffentlichen Sicherheit und Ordnung zu beseitigen. Die Hausbesetzung, so wird argumentiert, sei als Hausfriedensbruch eine strafbare Handlung und damit eine Störung der öffentlichen Sicherheit und Ordnung, die nur durch die Räumung des Hauses beseitigt werden kann. Allerdings kann man auch die Frage stellen, ob nicht das Leerstehen des Hauses die eigentliche Störung der öffentlichen Sicherheit und Ordnung ist. Das Leerstehen eines Wohnhauses verstößt häufig gegen das Verbot der Zweckentfremdung und gegen die besondere Sozialpflichtigkeit von Wohnraumeigentum.

Wiederholt ist es vorgekommen, daß die Polizei mit Beamten in Zivil versucht, Hausbesetzer zu identifizieren oder sich einen Überblick über örtliche Verhältnisse zu verschaffen. Wenn die Besetzer mit diesen „Zivilisten" aneinandergeraten, haben sie in der Regel ein Strafverfahren wegen Widerstands gegen die Staatsgewalt am Hals, obwohl sie gar nicht wußten, daß sie es mit der Polizei zu tun hatten. Manchmal läßt die Polizei nichts unversucht, Auseinandersetzungen herbeizuführen und dann Strafverfolgungen einzuleiten.

Umgekehrt gelingt es auch manchmal, die Polizei auszuschalten. In manchen Fällen sind die Hausbesetzer mit dem Eigentümer des Hauses ins Gespräch gekommen. Die Instandbesetzer sollten auf jeden Fall versuchen, mit dem Eigentümer Verhandlungen mit dem Ziel aufzunehmen, Mietverträge oder Nutzungsverträge für das Haus zu erhalten. Willigt der Eigentümer in das Verbleiben der Hausbesetzer ein, ist einem polizeilichen Vorgehen und einer Strafverfolgung der Boden entzogen.

Bei einer längeren Hausbesetzung muß für ein normales Leben im Hause, die Versorgung mit Strom, Gas und Wasser gewährleistet sein. Die Hausbesetzer sollten entsprechende Anträge an die Stadtwerke bzw. an die Versorgungsbetriebe stellen. Da die Stadtwerke und Versorgungsbetriebe in der Regel eine Monopolstellung haben, sind sie verpflichtet, Anträgen auf Versorgung stattzugeben. Eine Ablehnung wäre unverhältnismäßig und rechtsmißbräuchlich.

Auch bei Hausbesetzungen ist eine möglichst breite öffentliche Darstellung des Problems und ein gutes Einvernehmen mit den Nachbarn wichtig. Auf diese Weise wird häufig eine Kriminalisierung verhindert. Werden die Hausbesetzer von den Nachbarn und der Öffentlichkeit als friedliche Leute angesehen, die auf das Wohnungsproblem aufmerksam machen wollen, scheuen Eigentümer, Polizei und Staatsanwaltschaft häufig ein Vorgehen gegen die Besetzer.

Umweltschutz

Es ist hier nicht möglich, eine Übersicht über die Umweltschutzgesetze von Bund und Ländern, die Satzungen der Gemeinden, über die Verordnungen, Erlasse, Richtlinien und DIN-Normen zu geben. Hinzu kommen zahlreiche, oft auch sich widersprechende Gerichtsurteile. An dieser Stelle können nur einige wesentliche Aspekte genannt werden.

Die grundrechtlich geschützte Menschenwürde (Art. 1 GG) und das Recht auf Leben und körperliche Unversehrtheit (Art. 2 GG) sind im Kampf um den Schutz der Umwelt von großer Bedeutung. Auch Artikel 14 und 15 des Grundgesetzes, in denen Rechte und Pflichten des Eigentums und die Möglichkeiten einer Enteignung behandelt werden, und Artikel 20 GG mit dem Sozialstaatspostulat spielen eine Rolle. Zur Verbesserung der rechtlichen Grundlagen wird seit langem gefordert, ein besonderes Grundrecht auf eine gesunde und menschenwürdige Umwelt in die Verfassung aufzunehmen. Unabhängig davon kann man über die genannten Bestimmungen des Grundgesetzes hinaus schon heute auf ähnliche Bestimmungen in Landesverfassungen zurückgreifen. Als Beispiel kann der Artikel 24 der Verfassung des Landes Nordrhein-Westfalen genannt werden, der

das Wohl des Menschen in den Mittelpunkt des Wirtschaftslebens stellt. Mögen solche Formulierungen heute auch an vielen Orten wie blanker Hohn klingen, helfen sie dennoch, den Kampf um die Bewahrung oder Wiederherstellung einer menschenwürdigen Umwelt zu rechtfertigen.

Im Raumordnungsgesetz von 1965 wurde in § 2 die Schaffung und Erhaltung von Gebieten mit „gesunden Lebens- und Arbeitsbedingungen" als erster Grundsatz der Raumordnung genannt. Der Grundsatzkatalog führt auch auf, daß „für den Schutz, die Pflege und Entwicklung von Natur und Landschaft, einschließlich des Waldes, sowie für die Sicherung und Gestaltung von Erholungsgebieten ... zu sorgen ist". Außerdem wurde postuliert: „Für die Reinhaltung des Wassers, die Sicherung der Wasserversorgung und für die Reinhaltung der Luft sowie für den Schutz der Allgemeinheit vor Lärmbelästigungen ist ausreichend Sorge zu tragen."

Diese Bestimmungen sind sehr allgemein, leiden an Unverbindlichkeit und haben nicht verhindert, daß vielerorts zum Beispiel das Flußwasser derart verdreckt wurde, daß es nicht einmal mehr als Kühlwasser benutzt werden konnte.

Unter dem Druck der sich ständig verschlechternden Umweltbedingungen und einer anwachsenden Bewegung zum Schutz der Umwelt wurden dann in den siebziger Jahren ein „Rat von Sachverständigen für Umweltfragen" eingerichtet und zahlreiche einzelne Umweltschutzgesetze beschlossen. Zu den wichtigsten gehören das Benzinbleigesetz 1971, das Fluglärmgesetz 1971, das DDT-Gesetz 1972, das Bundesimmissionenschutzgesetz 1974, das Pflanzenschutzgesetz 1975, das Bundesnaturschutzgesetz 1976, das Wasserhaushaltsgesetz 1976, das Abwasserabgabengesetz 1976, das Atomgesetz 1976, das Abfallbeseitigungsgesetz 1977, das Düngemittelgesetz 1977, das Chemikaliengesetz 1977. Auch diese Gesetze sind in vieler Hinsicht noch unzureichend und schwer zu handhaben. Ein wichtiges Problem ist, daß die gesetzlichen Bestimmungen in der Praxis der Behörden insbesondere gegen wirtschaftlich mächtige Unternehmen nicht konsequent angewendet werden.

Im Bundesbaugesetz von 1960, welches 1976 novelliert wurde, finden sich eine Reihe Bestimmungen, die für den Umweltschutz von Bedeutung sind. In § 1 Abs. 7 heißt es: „Bei der Aufstellung der Bauleitpläne sind die öffentlichen und privaten Belange gegeneinander und untereinander gerecht abzuwägen." Neben Belangen des Verkehrs und der Wirtschaft sind auch für den Umweltschutz relevante Belange genannt. Unter anderem sollen die „allgemeinen Anforderungen an gesunde Wohn- und Arbeitsverhältnisse", die „Landschaft als Erholungsraum", die „Erhaltung und Sicherung der natürlichen Lebensgrundlagen", die Belange von Naturschutz, Sport, Freizeit und Erholung berücksichtigt werden. Natürlich ist es im Konfliktfall auch hier wiederum die Frage, welchen Belangen der Vorrang gegeben wird. Eine Gemeinde kann sich zum Beispiel für die Ansiedlung eines Industriebetriebes entscheiden, obwohl dadurch für das Stadtklima wichtige, kaltluftproduzierende Flächen in Anspruch genommen werden müssen. Der Abwägungsprozeß muß aber vollständig, rational und nachvollziehbar sein und darf nicht, wie es häufig der Fall ist, nur zum Schein erfolgen.

Der Abwägungsprozeß, in dem verschiedene Interessen gegeneinander abgewogen und, wenn möglich, ausgeglichen werden sollen, geschieht im Rahmen eines Genehmigungsverfahrens oder in einem sogenannten Planfeststellungsverfahren. Die meisten Gesetze enthalten Regeln für das Genehmigungs- oder Planfeststellungsverfahren. Wo das nicht der Fall ist, sind die Vorschriften des Verwaltungsverfahrensgesetzes anzuwenden.

Genehmigungs- und Planfeststellungsverfahren laufen im wesentlichen nach folgenden Regeln ab: das Verfahren muß zunächst angekündigt werden, d.h. Betroffene müssen unterrichtet werden und die Planungsunterlagen müssen ausgelegt werden. Sodann müssen befaßte Behörden und betroffene Bürger angehört und ihre Einwände müssen erörtert werden. Das Vorbringen der Betroffenen muß erkennbar bei der Entscheidung behandelt werden. Schließlich kann die Entscheidung vor dem Verwaltungsgericht angefochten werden, wenn eine individuelle Betroffenheit vorliegt.

Natürlich garantiert der formale Gang des Verfahrens allein nicht eine tatsächliche Berücksichtigung der Belange des Umweltschutzes. Behörden und Verwaltungen bedienen sich aus einer schier unerschöpflichen Trickkiste für jedes Verfahren, in das die Belange des Umweltschutzes eingebracht werden. Es gilt daher die alte Erfahrung: Ohne Druck bewegt sich nichts, und ohne Kampf, ohne eine breite Mobilisierung der Öffentlichkeit ist nichts zu erreichen.

Josef Schleifstein
MARXISMUS & STAAT

VMB

Zur Entwicklung der Staatsauffassung
bei den marxistischen Klassikern
Taschenbuch, 122 S., DM 9,80
Verlag Marxistische Blätter

Zeitschrift

Marxistische Blätter

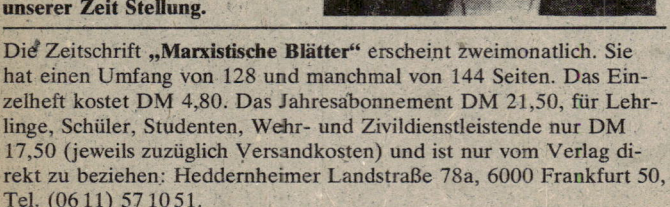

Sofort Probeheft bestellen!

In unserer Zeitschrift schreiben Betriebsräte und Vertreter von Bürgerinitiativen, Wissenschaftler und Künstler. Veteranen der demokratischen und Arbeiterbewegung kommen ebenso zu Wort wie engagierte Vertreter der Jugend- und Frauenbewegung. Führende Kommunisten aus dem In- und Ausland nehmen zu den brennenden Fragen unserer Zeit Stellung.

Die Zeitschrift „Marxistische Blätter" erscheint zweimonatlich. Sie hat einen Umfang von 128 und manchmal von 144 Seiten. Das Einzelheft kostet DM 4,80. Das Jahresabonnement DM 21,50, für Lehrlinge, Schüler, Studenten, Wehr- und Zivildienstleistende nur DM 17,50 (jeweils zuzüglich Versandkosten) und ist nur vom Verlag direkt zu beziehen: Heddernheimer Landstraße 78a, 6000 Frankfurt 50, Tel. (0611) 571051.